L'Esprit, espérance d'une Église en crise

Du même auteur

Petit guide de la prière, Desclée de Brouwer, 2001
Écouter les mots de Dieu. Les chemins de l'aventure spirituelle, Bayard, 2001
Laissez-vous guider par l'Esprit. Petit traité de théologie spirituelle, Bayard, 2005
La Trinité racontée, Bayard, 2008
Appelés à la Résurrection, Bayard, 2009

18, rue Barbès, 92128 Montrouge Cedex
ISBN : 978-2-227-482920

Michel Rondet, s.j.

L'Esprit, espérance d'une Église en crise

bayard

Imprimi Potest donné par le père
Jean-Yves Grenet, s.j. le 4 février 2011.

Remerciements

Les lecteurs tant soit peu au courant de la littérature théologique auront remarqué tout ce que ces pages doivent à l'enseignement et aux écrits des pères Gustave Martelet et Joseph Moingt, qui furent mes maîtres en théologie à Fourvière. Qu'ils trouvent ici l'expression de ma reconnaissance.

Je remercie aussi les laïcs qui m'ont accompagné dans ce travail et le père Dominique Peccoud qui a relu attentivement mon manuscrit et m'a fait bénéficier de ses remarques.

Un étrange paradoxe

Beaucoup de chrétiens fervents en Occident s'interrogent aujourd'hui sur l'avenir de leur Église. Ils souffrent de la voir minée de l'intérieur par des scandales ou des divisions, anémiée par la crise des vocations et le vieillissement tant de son clergé que de ses fidèles, impuissante à transmettre sa foi aux jeunes générations, absente des grands débats de notre monde… Tout ceci amplifié par les médias sous le regard ironique ou attristé de tous ceux qui n'osent pas nous dire trop crûment : vous voyez bien que c'est fini ! Où trouver force et réconfort dans ce marasme ? Les déclarations rassurantes du type : ce n'est pas si grave, demain sera meilleur, sont vite démenties par les faits. Et nous sommes un certain nombre à ne pas vouloir penser l'avenir dans une perspective de restauration d'un passé idéalisé et, de toute façon, radicalement dépassé.

Pourtant, et c'est là que gît le paradoxe : nous croyons à l'Esprit saint et à son action dans l'Église. Nous avons bénéficié dans la seconde moitié du XXe siècle d'un renouveau spectaculaire de la théologie de l'Esprit saint. Des études bibliques, une meilleure connaissance de la tradition primitive nous ont rappelé sa place dans la naissance de l'Église et dans les grands moments de son histoire. Nous avons même été témoins de son action novatrice au cours du concile Vatican II qui nous a ouverts à une vision rénovée du mystère de l'Église, peuple de Dieu, corps du Christ, temple de l'Esprit, sacrement du salut. Il a inspiré une vision ecclésiale et spirituelle de la vie chrétienne : vie selon l'Esprit dans la diversité des vocations au service du Royaume de Dieu. Il a tenté de ramener tous les chrétiens aux origines christiques de leur foi par-delà les divisions de l'histoire. Il a ouvert la porte au dialogue avec les grandes religions du monde et avec les spiritualités athées. Nous avons accueilli avec joie ce grand vent de l'Esprit et aujourd'hui nous avons l'impression qu'il s'est essoufflé ou qu'il a émigré ailleurs loin de nos champs d'action. Nous désespérons de l'Église, comme si l'Esprit l'avait désertée.

Alors, faut-il abandonner l'Église pour suivre l'Esprit sur d'autres routes ? Certains le pensent autour de nous, parmi nous, et nous pouvons être tentés par cette perspective. Faut-il nous résigner à faire tourner la boutique en attendant des jours meilleurs ? Même si elle n'a pas toujours cette radicalité, et heureusement, la question nous est posée. Elle nous invite à redécouvrir les liens qui unissent l'Esprit et l'Église dans un monde qui connaît des changements rapides et profonds auxquels l'Esprit n'est pas étranger.

Conscient du désarroi dans lequel se trouvent trop de chrétiens, j'essayerai dans ces pages de prolonger des réflexions amorcées avec quelques-uns d'entre eux. Je m'inspirerai des théologiens qui essayent aujourd'hui de prolonger dans leurs travaux les grandes intuitions du Concile, persuadés que nous avons à susciter ensemble un visage d'Église qui réponde aux appels de notre temps. Mon horizon sera celui de l'Europe occidentale et de la crise qu'y traverse l'Église de Rome ; je suis bien conscient que, dans d'autres contextes, la situation est différente et pourrait conduire à d'autres discernements.

L'Esprit aurait-il déserté l'institution ?

Si l'on tente de faire le point sur nos inquiétudes à l'égard de l'Église, elles conduisent à cette question : l'Esprit aurait-il déserté l'institution ? Nous ne la formulons pas toujours de façon aussi brutale, mais elle transparaît dans nos réactions et nos revendications.

– Quand nous envisageons certains aspects de la vie de l'Église, nous avons du mal à nous défendre d'une impression de déclin : baisse générale de la pratique religieuse, effondrement des vocations sacerdotales et religieuses, perte d'influence et de crédibilité du message, rupture dans la transmission de la foi… Des analyses sociologiques nous confirment dans cette vision angoissante et annoncent tranquillement la fin de l'Église. Tout ceci nous donne parfois l'impression de vivre le crépuscule de l'Église, d'être la dernière génération de ses fidèles. Même si nous discernons des éléments d'espoir, nous avons parfois l'impression qu'ils sont plus vivants ailleurs : Églises évangélistes, spiritualités laïques…

– À un autre plan, nous nous heurtons à une sclérose des structures qui semblent impuissantes à résoudre les vrais problèmes. Depuis la fin du Concile, des problèmes ne cessent de hanter la vie de l'Église : situation des divorcés remariés, place du ministère de Pierre dans la communion des Églises, ordination de chrétiens mariés, morale sexuelle… Les problèmes ont été vus, analysés, des solutions envisagées par les synodes d'évêques, mais rien ne bouge ! Et lorsque le dynamisme de l'Esprit semble irriguer l'Église au plus haut niveau, comme sous le pontificat de Jean XXIII, on constate que les structures administratives de l'Église font bloc pour maintenir le statu quo. Ce qui nous attriste, ce ne sont pas tellement les scandales que la presse peut révéler, mais bien plus cette impression de pesanteur, d'immobilisme, de cécité face aux signes des temps qui contraste tellement avec la vitalité des communautés inspirées par l'Esprit.

– Les prises de parole de l'Église hiérarchique sont nombreuses, mais elles ont du mal à rejoindre nos contemporains et nécessitent beaucoup de commentaires pour devenir audibles. Il est rare qu'elles rendent directement l'Évangile vivant pour notre temps.

– Enfin, en tant que fidèles, membres du peuple saint, appelés à vivre le sacerdoce du Christ, nous avons souvent du mal à trouver notre place dans cette Église : nos initiatives ne sont pas toujours reconnues et réciproquement nous ne nous retrouvons pas dans ce qui nous est proposé et qui nous paraît loin du monde et de ses vrais problèmes.

On pourrait continuer dans cette ligne et multiplier les questions que nous avons à poser à notre Église jusqu'à donner l'impression que l'Esprit a vraiment déserté l'institution.

– Rappelons-nous d'abord que l'Église dans sa mission divine reste une communauté humaine, incarnée dans l'histoire des hommes. Pour porter l'Évangile aux nations, elle est devenue peu à peu une institution religieuse. Comme toute institution qui se veut en phase avec la marche de l'humanité, elle connaît des crises, qui répercutent le plus souvent celles de l'humanité dans sa croissance. Il n'y a pas à nous en étonner. Jésus, du reste, n'a pas manqué d'avertir ses disciples des difficultés qu'ils rencontreraient dans la mission qu'il leur confiait.

– Comprenons aussi que les craintes et les difficultés qui nous étreignent se réfèrent à un visage de l'Église qui ne reflète pas le cœur du mystère de l'Église. On avait naguère l'habitude de distinguer l'Église visible et l'Église invisible, l'une pécheresse et l'autre sainte. C'est trop commode, il n'y a qu'une Église et c'est bien cette Église que nous formons qui est l'Épouse du Christ, mais il reste vrai que l'Esprit en elle se manifeste à différents niveaux et selon des modes adaptés. Il respecte notre liberté, nos erreurs, nos compromissions avec l'esprit du monde, mais il est toujours présent au cœur du peuple des croyants pour y susciter les miracles de la sainteté. À toute époque, des membres de ce peuple, sans rechercher ni atteindre une perfection personnelle, ont témoigné d'une grâce : aimer leurs frères et sœurs et leur époque dans l'esprit des Béatitudes. Plutôt que de nous polariser sur les nécessaires réformes de structure, soyons attentifs à rejoindre l'Esprit qui nous appelle à vivre l'Évangile au cœur de l'Église. Bernanos avait écrit en 1951 des pages qui restent d'une brûlante actualité : « François d'Assise [...] révolté par la débauche et la simonie des prélats [...] n'a pas défié l'iniquité, il n'a pas tenté de lui faire front, il s'est jeté dans la pauvreté, il s'y est enfoncé le plus avant qu'il a pu, avec les siens, comme dans la source de toute rémission, de toute pureté. Au lieu d'essayer d'arracher à l'Église les biens mal acquis, il l'a comblée de trésors invisibles et sous la douce main de ce mendiant le tas d'or et de luxure s'est mis à fleurir comme une haie d'avril. [...] L'Église n'a pas besoin de critiques mais d'artistes. En pleine crise de la poésie, ce qui importe ce n'est pas de dénoncer les mauvais poètes, ou même de les pendre, c'est d'écrire de beaux vers, de rouvrir les sources sacrées. L'Église n'a pas besoin de réformateurs mais de saints » (*Les prédestinés*, Le Seuil, p. 439-440).

C'est sur ces chemins que nous rencontrerons l'Esprit et nous découvrirons avec joie qu'il est bien à l'œuvre dans l'Église. L'Église est l'Église des saints avant d'être celle des commissions et des *motu proprio*. Ceci ne veut pas dire que nous ayons à nous désintéresser des réformes de structures, elles sont nécessaires, urgentes, car elles touchent au visage de l'Église que nos contemporains peuvent percevoir, mais n'oublions pas ce qui est le plus important : l'appel à la sainteté de tout le peuple de Dieu.

POUR ALLER PLUS LOIN :

Je serai amené tout au long de cet écrit à faire référence au livre des Actes des apôtres ; il pourrait être bon d'en reprendre à cette occasion une lecture suivie et méditée. Saint Luc nous a laissé là un récit qui est un véritable Évangile de l'action de l'Esprit dans l'Église. En le lisant nous serons attentifs à laisser le texte nous inspirer une attitude vraie face aux épreuves que peut traverser l'Église aujourd'hui comme hier.

On trouvera l'intégralité du texte dont j'ai transcrit un extrait dans le livre d'Albert Béguin, *Bernanos par lui-même*, Le Seuil, 1954, page 182 « Martin Luther ». L'œuvre de Bernanos comporte beaucoup d'autres réflexions sur l'Église, j'en transcris ici quelques-unes : « Bien sûr, si le monde était le chef-d'œuvre d'un architecte soucieux de symétrie, ou d'un professeur de logique, d'un dieu déiste, en un mot, l'Église offrirait le spectacle de la perfection, de l'ordre, la Sainteté y serait le premier privilège du commandement, chaque grade dans la hiérarchie correspondrait à un grade supérieur de sainteté, jusqu'au plus saint de tous, Notre Saint Père le Pape, bien entendu. Allons ! Vous voudriez d'une Église telle que celle-ci ? Vous vous y sentiriez à l'aise ? Laissez-moi rire, loin de vous y sentir à l'aise, vous resteriez au seuil de cette Congrégation de surhommes, tournant votre casquette entre les mains, comme un pauvre clochard à la porte du Ritz ou du Claridge » (*La liberté pour quoi faire*, Gallimard, 1953, p. 285).

Une lumière sur nos pas : Vatican II

Nos problèmes avec l'Église ne doivent pas nous masquer que nous sommes une génération qui a bénéficié d'un renouveau théologique et spirituel exceptionnel avec le concile Vatican II. Un grand vent de l'Esprit a fait mûrir une attente et une réflexion qui ont remis en lumière l'essentiel du mystère de l'Église.

Nous en étions arrivés à concevoir l'Église comme une société religieuse gouvernée par le pape et les évêques et consacrée essentiellement à encadrer le culte et la pratique des fidèles. Nous étions devenus une Église de pratiquants, sérieux et fidèles, mais où l'on ne reconnaissait plus beaucoup le visage des communautés croyantes décrites dans les Actes des apôtres.

Le Concile a voulu, par-delà la longue histoire qui nous en sépare et en l'intégrant, nous aider à retrouver le visage évangélique de l'Église. Il l'a fait sans s'attacher d'abord à des réformes de structures, mais en tentant de renouer avec les intuitions des origines : l'Église des premiers témoins et de ceux qu'on a appelés les Pères. L'Église lui est apparue alors comme le fruit actuel de l'amour trinitaire, incarnant dans notre histoire la mission rédemptrice du Christ (cf. *Lumen gentium* n°4). On mesure par cette simple référence le chemin parcouru, l'Église n'est plus une société à comparer et à différencier par rapport à d'autres sociétés, elle est d'emblée présentée comme naissant de l'amour du Fils pour le Père dans la communion de l'Esprit. Relisant les Écritures, le Concile peut alors nous donner une description synthétique du mystère de l'Église autour de quatre notions : peuple de Dieu, corps du Christ, temple de l'Esprit, sacrement du salut.

Peuple de Dieu.

L'expression n'est pas nouvelle, mais, en la plaçant en tête de son exposé, le Concile signifie qu'elle est pour lui essentielle. Elle met l'accent sur le visage communautaire de l'Église, une communauté fraternelle, unie dans son origine, diverse dans ses membres, traversant l'histoire avec un visage et une mission spécifiques. Elle fait référence au peuple de l'Alliance, héritier des promesses divines qui se sont actualisées en Jésus Christ. Un peuple d'enfants de Dieu, de fils adoptifs dans la foi en Jésus

Christ, chargé de porter dans le monde la Bonne Nouvelle des Béatitudes.

Corps du Christ.

Le pape Pie XII avait publié en 1943 une encyclique sur « le corps mystique » du Christ. Elle avait le mérite, par-delà une conception sociétale de l'Église, de renouer avec une compréhension plus spirituelle du mystère de l'Église. Mais en accolant à l'expression « corps du Christ » le mot mystique, elle en affaiblissait un peu la signification. La tradition la plus ancienne parlait des trois corps du Christ : le corps de chair né de la Vierge Marie, l'eucharistie, corps mystique (ou sacramentaire), et le corps du Christ qui était l'Église. C'est cette tradition que le Concile retrouve, elle donne toute sa force au lien du Christ et de l'Église, faisant de l'Église le corps dont le Christ est la tête. On reconnaît là l'insistance d'Augustin dans sa prédication au peuple d'Hippone : « le Christ total, tête et corps, le Christ et l'Église ». Impossible de mieux souligner le lien du Christ et de l'Église qui tient de lui son esprit et sa vie.

Temple de l'Esprit.

Les disciples rassemblés dans la foi au Christ ressuscité ont fait l'expérience du don de l'Esprit que Jésus leur avait promis. Les Actes des apôtres en témoignent non seulement au jour de la Pentecôte, mais aussi tout au long de la croissance et du développement de leur communauté. L'Église a vécu de ce don, elle le reconnaît dans les charismes qui inspirent ses membres et dans les fruits de sainteté que l'Esprit ne cesse de produire en elle. Elle sait que l'Esprit la conduit à l'Évangile et actualise en elle les béatitudes du Sermon sur la montagne. Face à la fragilité et à la médiocrité de certains de ses membres, elle ne désespère jamais de voir l'Esprit faire en eux et en elle toutes choses nouvelles, puisque toute la Création est sauvée par le Christ dans l'Esprit.

Sacrement du salut.

C'est un des apports les plus nouveaux du Concile. L'expression n'avait guère jusqu'alors dépassé le cercle des théologiens, elle entre avec le Concile dans le langage officiel de l'Église et elle va vite inspirer la pastorale. Elle a l'intérêt de faire le lien entre l'être de l'Église et sa mission. Avant même toute activité missionnaire, l'Église est dans son existence même signe (et donc sacrement) du salut apporté par Jésus Christ. En vivant comme peuple de Dieu, corps du Christ, temple de l'Esprit, elle continue dans l'histoire des hommes l'annonce de la proximité du Royaume de Dieu et elle offre à tous la possibilité de participer à la communauté des témoins de la Résurrection de Jésus. Elle est dans notre monde le témoin visible qui pose aujourd'hui la question de Jésus à ses disciples : « Vous, qui dites-vous que je suis ? » Si Jésus est encore aujourd'hui une question pour nos contemporains, c'est bien à l'Église qu'on le doit.

Dans un autre vocabulaire, le Concile évoquera encore l'Église comme « communion et mission », deux mots qui soulignent bien deux aspects essentiels de la vie de l'Église. Elle est communion, communauté, fraternité des enfants du même Père et tout dans sa vie, sa liturgie, ses structures et jusqu'à son gouvernement doit témoigner de ce caractère communautaire. Mais cette communauté n'existe que pour le salut du monde. Elle ne peut donc jamais se vivre en vase clos, repliée sur elle-même. Elle est par nature prophétique et la finale de l'Évangile de saint Matthieu (28,16-20) sur l'envoi en mission fait partie de la définition même de l'Église.

Il y aurait bien d'autres aspects à évoquer sur l'apport de Vatican II à une intelligence renouvelée du mystère de l'Église. Notons-en brièvement quelques-uns :
– l'affirmation soulignée de l'appel de tous à la sainteté (L.G. n° 40),
– la prise de position du décret sur la liberté religieuse en faveur de la liberté absolue de l'acte de foi,
– la redécouverte de l'originalité du sacerdoce de la

Nouvelle Alliance : un seul Prêtre, Jésus Christ, un peuple de prêtres configuré par le baptême au sacerdoce du Christ, des serviteurs (ministres) de ce sacerdoce des baptisés, consacrés par l'Esprit (ordination) et participant ainsi au ministère du Christ Pasteur.

L'Église qui naguère était définie comme une société parfaite gouvernée par le pape et les évêques nous est donc rendue par le Concile comme œuvre de la Trinité au cœur de l'Alliance. Il est important pour nous de laisser l'Esprit faire descendre cette compréhension nouvelle de notre intelligence jusqu'à notre cœur pour qu'elle y devienne source d'un amour renouvelé de l'Église.

POUR ALLER PLUS LOIN :
RETROUVER LES GRANDS TEXTES DE VATICAN II :

– La constitution sur l'Église *Lumen gentium*, en particulier les chapitres 1, 2, 4 et 5.

– La constitution pastorale sur l'Église dans le monde de ce temps *Gaudium et spes* qui aborde de façon positive une manière évangélique d'aborder les problèmes de notre société.

– La constitution sur la Révélation divine *Dei Verbum*

qui est une invitation à une lecture spirituelle de l'Écriture.

– La déclaration sur la liberté religieuse *Dignitatis humamae*, un des textes les plus novateurs et les plus importants dans le dialogue avec le monde sécularisé.

– La déclaration sur les relations avec les religions non chrétiennes *Nostra Aetate* qui envisage sous un jour nouveau les relations du christianisme et des grandes religions.

Pour se guider dans cette lecture on aura grand profit à utiliser l'ouvrage du père Gustave Martelet : *N'oublions pas Vatican II*, Cerf, 2010.

Jésus et l'Église

Spontanément, nous rattachons l'Église au Christ : elle est née de lui, c'est lui qui l'a fondée et confiée à Pierre et aux Douze. À la réflexion cependant la célèbre formule de Loisy « Jésus a prêché le Royaume et c'est l'Église qui est venue » nous interroge. Dans les Évangiles en effet Jésus n'apparaît pas comme un fondateur de religion. Il n'a rien laissé de ce qui pourrait apparaître comme les bases d'une nouvelle institution religieuse : une règle de foi, un rituel, un clergé. Le mot Église (assemblée) lui-même n'apparaît que deux fois dans les Évangiles, et dans Matthieu seulement, dans le texte bien connu : « Tu es Pierre et sur cette pierre je bâtirai mon Église » (Mt 16,18), et à propos de la correction fraternelle : « dis-le à l'Église » (18,17).

Alors qu'en est-il ? Jésus n'a pas à fonder l'Église (l'assemblée) elle existe devant lui, c'est le peuple de l'Alliance qu'il retrouve dans les synagogues de Galilée, sur les collines au bord du lac. C'est à lui qu'il s'adresse pour le rénover dans sa fidélité. S'il groupe autour de lui douze disciples, c'est en référence aux douze tribus d'Israël. À ce peuple, il annonce la venue du Royaume de Dieu dont il produit les signes : les aveugles voient, les boiteux marchent… les pauvres sont évangélisés. Royaume à venir et cependant déjà présent dans la personne même de Jésus.

Pour en actualiser la venue, Jésus prononce des paroles, accomplit un certain nombre de gestes qui laissent entrevoir un prolongement de sa mission à travers l'activité de ses disciples.

Le choix des Douze.

Marc (3,13) et Luc (6,12) racontent avec une certaine solennité le choix des Douze. Après avoir passé la nuit en prière (Luc), Jésus choisit douze hommes « pour être ses compagnons et les envoyer prêcher » (Marc). Jésus ne conçoit donc pas sa mission en solitaire. Dans l'Évangile, il n'apparaît jamais seul mais toujours entouré des Douze et d'autres disciples (hommes et femmes). On ne peut venir à lui qu'en acceptant ce groupe. Le Royaume qui vient a, dès l'origine, ce visage fraternel et communautaire.

La Pâque de la Nouvelle Alliance.

Au soir du Jeudi saint dans le contexte de sa Pâque à lui, celle qui vient « j'ai désiré d'un grand désir manger cette Pâque avec vous » (Lc 22,15), Jésus accomplit des gestes et prononce des paroles qui vont fonder la communauté que nous formons aujourd'hui. On peut les regrouper autour de trois thèmes englobés dans le prélude que Jean leur donne dans son Évangile : « Ayant aimé les siens, il les aima jusqu'au bout. »

• La Pâque du serviteur : le lavement des pieds
Si Jean rapporte longuement ce geste, c'est qu'il est pour lui essentiel et indissociable de la signification que Jésus entend donner au repas qu'il prend ce soir-là avec ses disciples. Lui, qu'ils ont vu guérir et sauver au nom du Père, il se met à leurs pieds dans l'attitude de l'esclave aux pieds de son maître. Ce n'est pas possible et leur réaction le montre bien. La réaction de Jésus est tout aussi radicale : « Si je ne vous lave pas... vous n'aurez pas de part avec moi » (Jn 13,8). Si vous ne vous laissez pas aimer par moi à travers les gestes que j'ai choisis... L'initiative de l'amour vient toujours de Dieu et elle est exemplaire. La communauté des disciples est fondée sur ce geste. Ils sont ceux que le Christ a aimés jusqu'au bout et dont il s'est fait le serviteur.

• La Pâque de l'Agneau immolé

Le pain rompu et la coupe offerte avec les paroles qui les accompagnent « ceci est mon corps… ceci est mon sang » évoquent la Pâque du Christ, sa vie offerte et livrée pour nous. Pâque qui sera consommée le lendemain à l'heure où l'on immole dans le temple les agneaux de la fête. Ce geste accompli par le Christ à la veille de sa mort dit le sens profond de sa vie et de sa mort : elle est pour nous, pour notre salut à tous dans l'Alliance renouvelée. En confiant ce geste à ses disciples : « vous ferez cela en mémoire de moi… », Jésus leur ouvre un avenir où il sera avec eux et où il les invite à le rejoindre dans sa vie donnée.

La Pâque du pain partagé

En accomplissant ce geste au cours d'un repas, Jésus le veut créateur de fraternité. Le pain qu'il partage avec ses disciples est nourriture de vie et signe de communion. Saint Paul insistera pour qu'on ne sépare pas les deux et qu'on ne dénature pas le sens du repas du Seigneur en en faisant une occasion de division (cf. 1 Co 11,17 *sq.*).

En demandant à ses disciples de reprendre ce geste en mémoire de lui, Jésus plaçait au sein de leur groupe un principe fort de communion. En reprenant le repas du Seigneur, les disciples célébreraient la pâque du serviteur, celle de l'agneau immolé et celle du pain partagé. En accueillant ainsi le Christ qui les aimait jusqu'à l'extrême, ils seraient vraiment son corps, un corps uni dans son Esprit et dans sa mission. Aujourd'hui en célébrant l'eucharistie nous construisons l'Église et l'Église doit toujours garder ce visage eucharistique : une communauté fraternelle unie dans la mémoire de l'amour du Seigneur, accueillante à sa parole et à son Esprit, vivant de la foi qui opère la charité, rayonnant de l'espérance du Royaume qui vient.

Le discours d'adieu et la promesse de l'Esprit (Jn 13,31 à 17,26). Jésus prolonge le contexte que nous venons d'évoquer par un libre entretien avec les siens ; il y parle de son départ proche et de l'avenir de ses disciples. Tout est orienté vers la continuité de leur mission commune. Comme lui, ils connaîtront des épreuves mais il sera avec eux d'une manière qu'ils ne connaissent pas encore, par le don de son Esprit fruit de sa mort et de sa Résurrection. Il demeurera en eux, lumière et force, il établira chez eux sa demeure et alors ils porteront du fruit à la gloire du Père. Promesse qui sera honorée par le Christ ressuscité : « Recevez l'Esprit saint » (Jn 20,22).

Ainsi Jésus n'a pas fondé l'Église, ce sera l'œuvre de l'Esprit agissant dans le cœur des disciples, mais il a posé les bases d'une communauté de foi autour de sa parole et de ses gestes et il lui a confié l'annonce du Royaume jusqu'à ce qu'il vienne.

POUR ALLER PLUS LOIN :

Un texte fondateur de saint Augustin :

Les trois états du Christ : « Les Saintes Écritures [...] nous présentent et nous font connaître Notre Seigneur Jésus Christ de trois façons [...] La première nous le montre comme Dieu, en sa divinité égale et co-éternelle au Père, avant qu'il assume la chair.

La seconde nous le montre et nous le fait comprendre, après l'Incarnation comme le Dieu qui est homme, et l'homme qui est aussi Dieu, et qui jouit d'une excellence singulière par où il l'emporte sur les autres hommes.

La troisième façon est pour ainsi dire le Christ total, dans la plénitude de l'Église, c'est-à-dire dans la tête et le corps, selon la plénitude d'un homme parfait, dans lequel nous sommes, chacun pour notre part, membre » (*Sermon* 341,1).

On pourra aussi lire le beau chapitre du cardinal de Lubac « L'Église sacrement de Jésus Christ » dans *Méditation sur l'Église*, Aubier, 1953 p. 157 à 181.

L'Esprit à la naissance de l'Église

Nous avons vu l'Église plonger ses racines dans la Pâque du Christ. C'est dans la même Paque que s'origine le don de l'Esprit qui va devenir l'âme de l'Église naissante. Esprit reçu du cœur transpercé de Jésus, du souffle du Christ ressuscité, du grand vent de la Pentecôte.

« De son sein couleront des fleuves d'eau vive » (Jn 7,39). Les Évangiles nous disent de Jésus mourant qu'il « remit l'Esprit » et l'expression prend tout son sens dans l'épisode sur lequel Jean s'attarde : « l'un des soldats, de sa lance, lui perça le côté et il en sortit aussitôt du sang et de l'eau » (Jn 19,34). Dans un regard de foi, Jean y voit la réalisation de cette parole prophétique de Jésus : « de son sein couleront des fleuves d'eau vive. Il parlait de l'Esprit que devaient recevoir ceux qui avaient cru en lui : car il n'y avait pas encore d'Esprit parce que Jésus n'avait pas encore été glorifié » (Jn 7,39). Et pour Jean la glorification de Jésus commence là, sur la croix signe de l'amour vainqueur. C'est dans cette expression ultime de son amour que Jésus livre l'Esprit. Son lien le plus intime au Père est offert pour que ses frères puissent participer eux aussi à sa filiation divine. Il nous a vraiment tout donné. Le petit groupe qui entoure Marie au pied de la croix va accueillir ce don et devient le noyau des témoins de la Pâque de Jésus, le germe de l'Église qui naît dans l'effusion de l'Esprit.

« Il souffle sur eux et leur dit : Recevez l'Esprit saint » (Jn 20,22). Dans le désir de rattacher l'Église plus intimement à Jésus, il est arrivé qu'on ait imaginé qu'entre Paques et l'Ascension, le Christ ressuscité ait réuni souvent ses disciples pour leur expliquer l'Église, les sept sacrements et tout ce qu'ils auraient besoin de savoir. Rien n'est plus étranger au témoignage des Évangiles. Les manifestations du Christ ressuscité visent avant tout à éveiller la foi des apôtres en le révélant vivant, vainqueur de la mort. Lorsqu'ils l'ont reconnu, il disparaît, les laissant à eux-mêmes et à l'Esprit promis. Les seules paroles qui nous ont été conservées sont celles qui leur apportent la paix (« la paix soit avec vous », Jean) et les confirment dans leur mission (« allez, enseignez toutes les nations », Matthieu). C'est dans ce contexte que l'Évangile de Jean rattache le don de l'Esprit directement à la reconnaissance de la résurrection de Jésus : « Comme le Père m'a envoyé, moi aussi je vous envoie ! Ayant dit cela il souffla sur eux et leur dit : Recevez l'Esprit saint » (Jn 20,21-22). Le don de l'Esprit est ici confirmé au cœur de l'envoi en mission. C'est au groupe des disciples qu'il est donné pour la mission de réconciliation et de paix qui leur est confiée. C'est donc l'Église qui, communautairement, reçoit l'Esprit et la mission sans qu'il soit fait ici de distinction entre les disciples. Au chapitre 21 du même Évangile, Pierre se verra confirmer sa mission de prendre soin de ses frères et elle lui sera donnée dans la triple confession de son amour pour le Seigneur. Là aussi l'Esprit est à l'œuvre dans le retournement du cœur de Pierre.

« Je répandrai de mon Souffle sur tout homme » (Ac 2,17). Saint Luc, conscient de l'importance du don de l'Esprit pour l'Église, dont il s'apprête à raconter l'histoire, le situe au jour de la fête de la Pentecôte : fête du renouvellement de l'Alliance et mémoire du don de la loi. L'événement prend ainsi une valeur symbolique qui dépasse le petit groupe des témoins de la résurrection réunis dans la prière autour de Marie et des Douze. Il s'adresse à tous les hommes pour qui le Christ est mort et ressuscité et les appelle tous à la conversion.

En analysant de plus près le récit de saint Luc, on peut noter que l'intervention de l'Esprit se manifeste d'abord par le don de la Parole. « Pierre s'est levé avec les Onze et d'une voix forte s'est adressé à la foule présente… » Ainsi ces hommes, que l'on nous avait présentés comme terrés dans leur salle de prière par crainte des juifs, se lèvent et avec une étonnante audace s'adressent à la foule présente à Jérusalem en ce jour de fête. Pour la première fois la Résurrection de Jésus est annoncée publiquement par un groupe de croyants solidaires dans leur foi et c'est l'œuvre de l'Esprit.

Autre caractéristique : l'universalité du message. L'activité historique de Jésus s'était limitée à un territoire et le cercle de ses auditeurs n'avait guère dépassé ses compatriotes juifs. Ici le récit souligne avec emphase qu'une foule composée de représentants de tous les peuples connus entend dans sa propre langue le message de salut apporté par Jésus au monde entier.

Enfin cette parole, qui va à l'encontre de ce que peut penser cette foule qui a approuvé par son silence et ses cris l'exécution de Jésus, produit, contre toute attente, une conversion des cœurs. « Le cœur brisé par ce qu'ils venaient d'entendre, ils ont demandé à Pierre et aux autres apôtres : Frères, que devons-nous faire ? » (Ac 2,37). Et saint Luc précise que ce jour-là environ trois mille personnes se joignirent à la communauté des disciples. Ainsi dans la force de l'Esprit, l'Église révèle dès le premier jour son universalité et la force de son témoignage.

C'est ce fruit de l'Esprit que saint Luc se hâte de manifester en deux petits passages (Ac 2,44 et 4,32) qui nous décrivent la vie de la première communauté chrétienne telle qu'elle se veut dans sa ferveur et sa nouveauté évangéliques. Il souligne alors quelques points qui vont rester la référence première de tous ceux qui voudront vivre l'Église dans son vrai visage :

- La communion fraternelle : « Ils n'avaient qu'un cœur et qu'une âme. »
- L'écoute de la Parole : « Ils se montraient assidus à l'enseignement des apôtres. »
- La fraction du pain et les prières : « Ils partageaient le pain dans leurs maisons… »
- Le partage des biens : « Entre eux tout était commun… Ils partageaient selon les besoins de chacun. »
- Le témoignage : « Le peuple tout entier les regardait avec faveur et chaque jour le Seigneur leur ajoutait de nouveaux sauvés. »

La description peut certes paraître idyllique et la suite du récit montre bien qu'il s'agit d'un modèle idéal, qu'il n'en fut jamais ainsi, mais elle reste exemplaire et décrit bien la communauté des croyants dans le jaillissement de l'Esprit, telle qu'elle devrait être. L'Esprit dont elle fait l'expérience est bien l'Esprit de Jésus, celui qui va l'orienter vers la sanctification de l'homme. Elle sera Église pour l'homme, sa croissance, son épanouissement dans la vocation divine à laquelle Dieu l'appelle.

C'est dire que marquée à sa naissance du sceau de l'Esprit et de son dynamisme, l'Église ne peut pas être une création figée enfermée dans la répétition d'une tradition séculaire. Elle est l'Église en inculturation constante dans le monde et dans l'histoire qu'elle a charge de pénétrer d'esprit évangélique. Elle est l'Église éducatrice de l'homme nouveau et elle inspirera d'âge en âge la recherche d'un humanisme qui prenne en charge le progrès de l'humanité. Elle est l'Église de Jésus Christ, née de l'Esprit pour la gloire du Père et la divinisation de l'homme.

POUR ALLER PLUS LOIN :

Un texte de saint Augustin :

L'Esprit âme de l'Église : « Ce que l'âme est au corps humain, le Saint-Esprit l'est au corps du Christ qui est l'Église ; il accomplit dans toute l'Église ce que l'âme accomplit dans chaque membre du corps [...] Un membre humain lié au corps, s'il est amputé perd la vie. De même un chrétien lié au corps est catholique, amputé il devient hérétique, et l'Esprit n'anime plus le membre amputé. Si vous voulez donc vivre du Saint-Esprit, conservez la charité, aimez la vérité, désirez l'unité » (*Sermon* 267,4).

Un chapitre du père Congar :

« L'esprit anime l'Église », dans *Je crois en l'Esprit saint*, Cerf, 1983 tome 2, p. 13 à 90).

L'Église se construit dans la force de l'Esprit

La Pentecôte continuée

L'importance donnée à l'événement même de la Pentecôte pourrait faire penser à une ouverture prestigieuse, comme les célébrations d'inauguration des Jeux olympiques, mais qui resterait sans influence sur la suite des événements. Or, si nous lisons attentivement les premiers chapitres des Actes des apôtres, nous découvrons qu'ils nous font assister à une suite de petites pentecôtes qui accompagnent la croissance de l'Église. Ainsi l'Esprit se manifeste-t-il sur la communauté en prière après la libération de Pierre et de Jean arrêtés par le Sanhédrin. « Ils faisaient cette prière quand le lieu où ils étaient rassemblés a tremblé. Tous ont été remplis de l'Esprit saint et ces hommes soudain ont dit avec audace la parole de Dieu » (Ac 4,31). C'est encore l'Esprit qui confirme par des signes nombreux la prédication de Philippe en Samarie (Ac 8,4 *sq.*) et la parole de Pierre dans la maison du centurion Corneille : « Pierre parlait encore quand l'Esprit saint tomba sur tous ceux qui écoutaient la parole » (Ac 10,44).

Une communauté fraternelle et missionnaire

Les descriptions des premières communautés dans les Actes font déjà apparaître l'Église comme « communion et mission », ce que s'efforcera de retrouver et de promouvoir Vatican II. L'accueil de la Parole de Dieu suscite la fraternité et l'Esprit en produit les fruits : partage, entraide… C'est cette fraternité qui est missionnaire, qui annonce la parole et la rend crédible : « Voyez comme ils s'aiment ! » Nous nous posons beaucoup de questions sur l'évangélisation aujourd'hui. Revenons à l'essentiel. Si nous voulons que la parole de l'Église soit crédible, donnons au monde le témoignage d'une communauté fraternelle et accueillante.

Vers l'institution

Ces communautés fraternelles ne pouvaient pas grandir sans s'organiser, se structurer, le livre des Actes lui-même en témoigne :

Ac 13,2-3 : L'envoi en mission de Paul et de Barnabé.

« L'Esprit saint dit : "Mettez-moi donc à part Barnabé et Saul en vue de l'œuvre à laquelle je les ai appelés." Alors, après avoir jeûné et prié, ils leur imposèrent les mains et les laissèrent à leur mission. »

Ac 15,28 : Ce qu'on a appelé le concile de Jérusalem. À propos de la conduite à tenir à l'égard des païens convertis : fallait-il ou non leur imposer la pratique des observances juives ? Paul, en conflit avec Pierre sur ce point à Antioche, lui avait « résisté en face » (Ga 2,11). À Jérusalem, la parole est donnée aux diverses tendances qui s'exprimaient dans la communauté et Pierre, converti, prend le parti de Paul. Jacques, l'évêque local, clôt les débats. La communauté, reprenant les éléments de ce dernier discours, envoie alors aux fidèles d'Antioche une lettre où elle n'hésite pas à se couvrir de l'autorité de l'Esprit : « L'Esprit saint et nous-mêmes avons décidé… »

Dans ces deux cas, il s'agit d'une décision qui intéresse la vie de la communauté et sa mission, elle est prise dans l'Esprit saint après délibération et prière. Puissions-nous nous référer à cet exemple dans nos prises de décision communautaires ! L'Église est le lieu où, selon le témoignage des Pères de l'Église, en particulier Cyprien de Carthage, ce qui concerne le bien de tous se décide en commun : c'est à ce signe que l'on peut reconnaître l'Esprit à l'œuvre.

De façon plus précise, les Épîtres qu'on appelle pastorales adressées aux compagnons de Paul dans le ministère, Timothée et Tite, vont faire apparaître un début d'organisation autour de trois fonctions : épiscopes, diacres et presbytres. Il est hautement significatif que le Nouveau Testament, pour parler des services et des fonctions dans la communauté naissante, ait évité soigneusement tout le vocabulaire religieux du paganisme et de l'Ancien Testament : prêtres, pontifes, souverains pontifes… pour choisir des mots de la vie courante : épiscope (surveillant, modérateur), diacre (serviteur) et presbytre (ancien). Il semble que ces fonctions soient accréditées par une imposition des mains qui signifie la transmission d'une charge dans l'invocation de l'Esprit.

Cette ébauche d'organisation aboutira vers la fin du second siècle au schéma que décrivent les lettres d'Ignace d'Antioche et que complétera *La tradition apostolique* d'Hippolyte de Rome au IIIe siècle : un évêque entouré d'un collège d'anciens et assisté de diacres. Cette première institutionnalisation privilégie la communion et la mission :

– La communauté groupée autour de l'évêque qui la nourrit de la parole et de l'eucharistie. Il est en même temps garant de l'authenticité de son adhésion à la foi des apôtres dont il est le successeur et de son unité avec les autres communautés chrétiennes.

– La mission est assurée par le témoignage de foi de la

communauté qui dans les premiers siècles ira jusqu'au martyre, et à l'envoi par l'évêque de presbytres (anciens) chargés de porter l'Évangile aux communautés rurales. Le service des diacres qui se consacrent au soutien des pauvres, sans distinction d'appartenance religieuse, contribue aussi largement à la diffusion de la Bonne Nouvelle, comme en témoigne la popularité qui entoure le diacre saint Laurent à Rome.

Ce début d'institutionnalisation se fait donc autour de trois pôles :

La Parole annoncée et commentée par l'évêque et ceux à qui il a pu déléguer cette mission. La plupart des écrits qui nous sont conservés de cette époque sont des sermons au peuple ou des commentaires de l'Écriture, composés par des évêques comme Augustin ou Césaire d'Arles ou par des chrétiens à qui cette fonction avait été reconnue, comme Origène.

L'eucharistie qui réunit chaque dimanche la communauté autour de l'évêque pour le repas du Seigneur. Elle est à la fois nourriture de vie et facteur d'unité en rassemblant les fidèles autour du mémorial de la mort et de la résurrection de Jésus, centre de leur foi commune.

Le témoignage confié à la responsabilité de tout le peuple chrétien en qui vont se manifester les fruits de l'Esprit (charismes), dons faits aux fidèles pour le bien et la croissance de tout le peuple de Dieu.

Si nous voulons aujourd'hui construire l'Église dans la force de l'Esprit, il faut centrer nos efforts sur ces trois pôles.

L'écoute de la Parole qui est première et qui est à mettre au fondement de tout : prière personnelle, liturgie de la communauté, partage de la foi, dialogue fraternel avec nos contemporains…

L'eucharistie, à condition de ne pas en faire simplement l'élément central du culte chrétien, mais en retrouvant l'ampleur du mystère eucharistique : mémorial de la Pâque du Christ, présence du Christ Ressuscité à la vie et à la prière de son Église, prophétie du Royaume fraternel à venir.

Le témoignage dans l'exemple d'une vie humaine vécue sous le regard de Dieu dans l'espérance du Royaume et la référence aux béatitudes évangéliques. Il s'agit d'incarner dans l'histoire un véritable humanisme qui puisse être un repère pour nos contemporains dans la recherche d'une vie meilleure.

POUR ALLER PLUS LOIN :

L'esprit dans l'Église ! Retrouvons-le, tel que l'a contemplé le métropolite Ignace de Lattaquié dans un texte qui n'a rien perdu de sa vigueur et de son actualité :

L'Esprit saint,
souffle vital de l'Église

Sans l'Esprit saint, Dieu est loin,
le Christ reste dans le passé,
l'Évangile est une lettre morte,
l'Église une simple organisation,
l'autorité une domination,
la mission une propagande,
le culte une évocation,
et l'agir chrétien une morale d'esclave.

Mais en lui :
le cosmos est soulevé et gémit dans
l'enfantement du Royaume,
le Christ ressuscité est là,
l'Évangile est puissance de vie,
l'Église signifie la communion trinitaire,
l'autorité est un service libérateur,
la mission est une Pentecôte,
la liturgie est mémorial et anticipation,
l'agir humain est déifié.

Une longue dérive cléricale

L'Église des premiers siècles ne fut pas sans problèmes : divisions, premières querelles doctrinales… Elle reste néanmoins dans son ensemble une Église fraternelle : les évêques sont élus par le peuple, il restent proches de leurs fidèles et les consultent sur les questions qui touchent à la vie de la communauté.

Le climat va changer lorsque le christianisme devient la religion officielle de l'Empire, en particulier sous Théodose. Le paganisme régresse, jusqu'à disparaître officiellement, on l'y aide aussi. La foi nouvelle remplace la religion traditionnelle, elle en occupe les temples et elle va avoir tendance à se constituer en religion de substitution. L'eucharistie devient le sacrifice unique et essentiel du nouveau culte qui va générer un clergé consacré à son service. Il deviendra vite nombreux avec en priorité la charge d'organiser le culte et la vie de la communauté. Le monde étant chrétien, l'annonce de l'Évangile a perdu de son urgence et on se concentre sur les tâches internes à la communauté. Dans ce contexte, le clergé assume progressivement les tâches essentielles : enseigner, sanctifier (par les sacrements), gouverner. Il s'organise lui-même de façon hiérarchique à l'image de la société impériale ambiante : les charges sont confiées d'en haut et selon des principes de sélection qui font de plus en plus intervenir des motivations économiques et politiques : collation de bénéfices, soumission aux autorités en place…

De toute façon, les ministères sont confiés plus en fonction des aptitudes à tenir un rôle cultuel et social que pour être une présence évangélique au cœur du peuple de Dieu.

À mesure que ce système se généralise, on va être amené à le justifier en élaborant la théologie de cet état de fait. Le service des ministres va devenir un sacerdoce qui les met à part de l'ensemble du peuple chrétien. Il leur sera confié par une ordination qui leur donne des pouvoirs sacrés qui les habilitent eux, et eux seuls, à accomplir certains actes : célébrer l'eucharistie, réconcilier, oindre les malades… Ils deviennent les représentants du Christ qui délègue ses pouvoirs au pape, aux évêques et aux prêtres. Tout se passe et s'ordonne selon cette hiérarchie d'où l'Esprit saint semble s'être absenté. Lui l'âme et le dynamisme de l'Église n'intervient pour ainsi dire pas dans le fonctionnement de cette structure hiérarchique.

Il n'est pas absent pour autant de la vie de l'Église, mais son action semble s'être réfugiée aux marges dans les ordres religieux, les mouvements de laïcs, les activités caritatives et missionnaires où il produit d'admirables fruits de sainteté. Alors que dans les premiers siècles de l'Église la piété des fidèles a reconnu et honoré la sainteté de ses pasteurs, du VIIe siècle (Grégoire le Grand) au XXe siècle on rencontre peu de papes qui aient marqué la vie de l'Église de leur personnalité spirituelle. Ceux dont l'histoire a retenu le nom sont plus connus par leur activité mondaine ou culturelle que par leur zèle pour l'Évangile. Saint Bernard ne pouvait-il pas écrire au pape Eugène III : « À voir la pompe dont tu t'entoures, on te prendrait plus pour le successeur de Constantin que de saint Pierre ! » Et tout au long de ces siècles l'Esprit par la bouche de saints ne cessera de dénoncer les dérives de l'institution.

Il n'est pas question ici de refaire en quelques pages quinze siècles d'histoire de l'Église. Des siècles dont nous sommes les héritiers et qui ont écrit des pages glorieuses de l'histoire de la sainteté en même temps qu'ils ont vu se développer une grande activité missionnaire. Nous voulons seulement souligner une tendance qui s'est renforcée de siècle en siècle : celle d'une cléricalisation constante de la vie de l'Église. Le rapprochement de quelques textes le soulignera :

– Au IVe siècle, saint Cyprien, évêque de Carthage, parlant de la vie de sa communauté, écrit : « Ce qui concerne tous doit être décidé avec tous. »

– Au début du XXe siècle, le pape Pie X dans l'encyclique *Vehementer* (1906) écrit : « L'Église est par essence une société inégale, c'est-à-dire comprenant deux catégories de personnes, les pasteurs et le troupeau, ceux qui occupent un rang dans la hiérarchie et la multitude des fidèles. Et ces catégories sont tellement distinctes entre elles que dans le corps pastoral seul résident le droit et l'autorité nécessaires pour promouvoir et diriger tous les membres vers la fin de la société. Quant à la multitude, elle n'a d'autre droit que de se laisser conduire et, troupeau docile, de suivre ses pasteurs. » Nous sommes là à la pointe extrême d'une évolution qui s'est poursuivie malgré les changements de société intervenus entretemps. Vatican II heureusement viendra remettre les pendules à l'heure en rappelant les droits et devoirs du peuple de Dieu et du sacerdoce des fidèles.

– 1983. Le nouveau code de droit canonique s'efforçant de traduire dans la vie de l'Église les enseignements du Concile déclare au canon 208 : « Entre tous les fidèles, du fait de leur régénération dans le Christ, existe, quant à la dignité et à l'activité, une véritable égalité en vertu de laquelle tous coopèrent à l'édification du corps du Christ, selon la condition et la fonction propres de chacun. »

Au cœur d'une Église vivante et entreprenante, il y a donc bien eu au plan institutionnel une dérive cléricale qui a gravement occulté la place du peuple de Dieu et du sacerdoce des fidèles dans le visage de l'Église. Cette dérive coïncide, et le lien entre les deux n'est pas occasionnel, avec l'effacement de l'Esprit saint dans la théologie de l'Église. Certes l'Esprit saint n'est pas absent ni des traités théologiques ni de la piété des fidèles, mais son rôle est continuellement voilé par le développement de discours sur les différents types de grâce qui masquent son action propre et par la prolifération de dévotions attribuant de plus en plus exclusivement à la Vierge et aux saints ce qui est le fruit de l'habitation de l'Esprit en nous. Ce lien entre dérive cléricale et crépuscule de l'Esprit me paraît important à bien percevoir si l'on veut poursuivre avec fruit l'œuvre de décléricalisation entreprise par Vatican II. Nous avons la chance de pouvoir vivre en même temps une redécouverte du rôle de l'Esprit et la construction d'un visage plus communautaire de l'Église, ne la laissons pas passer et ne croyons pas non plus que nous pourrions vivre l'une sans l'autre.

POUR ALLER PLUS LOIN :

– Sur les origines et les débuts de cette dérive, on trouvera une réflexion très documentée dans le livre d'Alexandre Faivre, *Les premiers laïcs, lorsque l'Église naissait au monde*, éditions du Signe, coll. « Croire et comprendre », 1999.

– Le père Moingt dans son ouvrage *Dieu qui vient à l'homme*, après avoir décrit cette dérive en rappelle la cause profonde : « … Le motif de cette confusion entre l'autorité de Dieu et celle de ses représentants, c'est d'avoir court-circuité la mission historique du Saint-Esprit dans celle de l'Église et absorbé le don de l'Esprit dans le pouvoir sacerdotal transmis par la succession apostolique, ce qui empêchait de prendre en compte l'universalité de la donation originaire de l'Esprit et, partant, la condition initiale commune de tous les chrétiens à son égard, tous constitués solidairement temple unique de l'Esprit. Cette solidarité ne les rend pas tous participants des mêmes pouvoirs, mais les situe tous originairement dans un tel état inaliénable de liberté et d'égalité, un échange si intime de biens essentiels qu'aucun n'est en droit de se mettre à part pour prendre les autres sous sa domination comme s'il n'avait rien reçu d'eux ni "tout comme" eux (Ac 10,47) » (*op. cit.*, tome 2, volume 2 p. 778).

– Ayant souligné cette dérive, le père Moingt reconnaît qu'elle fait partie de notre héritage et que nous avons à l'assumer comme telle en nous efforçant de la corriger.

Et si la crise était un appel ?

La crise de l'Église ? Tout le monde en parle, elle fait, tour à tour, la une des hebdomadaires et des livres d'analyse sociologique. On la décrit, on en scrute les causes et les conséquences… elle est toujours là ! Il est vrai qu'à lire le discours d'adieu de Jésus au soir de la Cène, on peut se demander si la crise n'est pas l'état normal et permanent de la vie de l'Église : « S'ils m'ont persécuté, vous aussi ils vous persécuteront » (Jn 15,20). La place de l'Église n'est-elle pas au pied de la croix ? Nous le comprenons bien quand il s'agit d'oppositions violentes, extérieures, mais nous avons plus de mal lorsqu'il s'agit de crises qui viennent de l'intérieur et qui affectent la vie même de l'Église. Nous pensons alors que l'assistance de l'Esprit devrait non seulement soutenir l'Église dans les épreuves mais encore la garantir contre les tensions et les dérives internes. N'a-t-elle pas les promesses de la vie éternelle et l'Esprit n'est-il pas en elle ce feu rayonnant qui brûle sans se consumer ? Oui, mais le Christ n'a pas promis à ses disciples d'autres chemins que ceux qu'il a pris. Aussi ne devrions-nous pas nous étonner de voir l'Esprit conduire l'Église sur un chemin qui, lui aussi, rencontre la croix !

On a parlé, il y a quelques années, de la mort de Dieu. Nous avons pu un temps être impressionnés, ou questionnés, par ce langage qui s'est finalement révélé comme un appel à accepter la mort d'un visage de Dieu, qui était celui du déisme, pour retrouver le Dieu de Jésus Christ. N'en est-il pas de même aujourd'hui pour l'Église ? Nous vivons bien une certaine mort de l'Église. On nous l'annonce avec sérieux et on en scrute les signes : des fidèles s'en éloignent, quittant le navire avant qu'il ne sombre, les jeunes générations s'en détournent comme d'un passé sans intérêt, ses cadres vieillissent et ne se renouvellent pas… Certes nous ne doutons pas des promesses du Christ, « les portes de l'enfer ne tiendront pas contre elle » (Mt 16,18). Nous n'avons pas non plus la nostalgie d'une Église puissante dominant la société comme ce fut le cas à certaines époques de l'histoire, mais nous souffrons de sa perte d'influence, de l'incompréhension ou de la dérision qui accompagne sa parole, de l'impuissance où elle est de résoudre ses problèmes… Nous ne manquons pas, c'est vrai, de motifs d'espérance et nous serions aveugles de ne pas les voir, nous les retrouverons en parlant des charismes dans l'Église. Il reste que nous sommes inquiets et que nous nous demandons si nous n'allons pas voir, dans nos pays, s'effondrer des pans entiers de l'Église, comme ce fut le cas pour les chrétientés d'Asie Mineure ou d'Afrique du Nord autrefois si florissantes.

Nous avons cependant mieux à faire que de nous décourager ou de nous résigner. L'heure n'est-elle pas venue de nous demander si nous ne sommes pas conduits par l'Esprit au pied de la croix pour y vivre la mort d'un certain visage de l'Église ? Des théologiens comme Joseph Moingt nous posent la question et elle est sérieuse. Pas la mort d'une Église triomphante, il y a longtemps que nous l'avons acceptée, mais la mort d'une Église influente, estimée, rayonnante, qui valoriserait nos choix et nos engagements. Et si nous étions appelés à découvrir et à aimer un autre visage d'Église ? Une Église minoritaire, ignorée ou méprisée, œuvrant pour le salut du monde en souffrant en lui et par lui ? Le petit reste d'Israël, celui qui a donné au monde Marie et Joseph, Syméon et Anne, n'était-ce pas une Église vivante ? Comme aussi le petit groupe de Marie, de Jean et des saintes femmes au pied de la croix, une Église sainte, ouverte dans sa douleur même à l'espérance de la Résurrection ?

En posant la question de savoir si la crise actuelle ne nous invite pas à accueillir un nouveau visage d'Église, je ne veux pas prôner une vision catastrophiste de l'avenir ni fermer les yeux sur tous les germes de renouveau dont

nous pouvons être témoins. Je désire seulement nous inviter à discerner dans la crise actuelle un appel à mourir à un visage d'Église, qui peut avoir gardé dans nos mentalités un certain attrait, pour laisser l'Esprit nous en faire découvrir un autre, plus proche peut-être de l'Évangile. Ne laissons pas la nostalgie voiler notre regard, le passé avait ses valeurs, mais c'étaient les siennes, pas nécessairement les nôtres, et l'inculturation de l'Évangile dans le monde où nous vivons attend de nous autre chose. Car c'est bien à une conversion que nous sommes appelés : nous laisser dépouiller d'un visage d'Église qui était notre sécurité par son unité et son autorité pour accueillir une Église fragile, menacée, moins sûre d'elle-même mais plus ouverte aux pauvres et aux chercheurs de sens. Tout au long de l'histoire l'Esprit a déserté les constructions trop bien établies pour se retrouver aux marges dans des initiatives humbles et pauvres : fondations religieuses naissantes, mouvements de laïcs qui tentaient de faire revivre une Église plus évangélique. C'est dans cette mouvance que nous retrouverons aujourd'hui l'Esprit :
– là où l'autorité se fait service,
– là où la vérité se fait écoute,
– là où la charité ne connaît pas de frontières.

En tout ceci, il ne s'agit pas de faire table rase du passé – on ne gomme pas quinze siècles d'histoire – mais d'y retrouver l'Évangile là où l'Esprit l'a maintenu vivant. Le concile Vatican II nous a ouvert la voie. Il nous reste à y entrer résolument et généreusement. Le cardinal Lercaro, qui en fut un des inspirateurs, avait souhaité que toute la constitution sur l'Église (*Lumen gentium*) soit écrite en référence à la notion évangélique de pauvreté. Ce ne fut pas possible, parce qu'il semblait difficile de faire entrer sous un seul point de vue toute une description du mystère de l'Église, mais son souhait allait bien dans le sens des motions de l'Esprit et c'est à nous de le réaliser.

POUR ALLER PLUS LOIN :

Sur la crise de l'Église, les études sont multiples, parmi les plus récentes on pourra se référer :

– pour un point de vue sociologique à Danièle Hervieu-Léger, *Catholicisme, la fin d'un monde*, Bayard, 2003.

– d'un point de vue théologique et pastoral aux ouvrages du père Jean Rigal, en particulier : *L'Église en quête d'avenir*, Cerf, 2003.

– *L'Église à l'épreuve de ce temps*, Cerf, 2007.

– au dernier ouvrage du père Joseph Moingt, *Croire quand même*, éditions Temps présent, 2010, en particulier p. 143 à 201, « D'une Église à l'autre ».

Prêtres et laïcs dans la mission de l'Église

Le vrai titre de ce chapitre pourrait être « le sacerdoce des fidèles et le ministère de ceux qui sont ordonnés », mais pour plus de clarté je garderai le vocabulaire courant prêtres-laïcs, quitte à en souligner les ambiguïtés.

La crise des vocations est un des aspects les plus visibles de la crise actuelle, au moins dans le monde occidental. Elle ne se pose pas d'abord au plan numérique mais au plan pastoral. S'il n'y a pas plus de vocations, c'est d'abord parce que le rôle du prêtre est devenu flou pour lui-même et pour les fidèles. C'est donc à cette question qu'il faut nous confronter.

La notion de sacerdoce est commune à la plupart des religions. Devant les puissances mystérieuses qui les dépassaient, auxquelles ils ont donné un visage divin, sacré, à la fois fascinant et redoutable, les hommes ont ressenti le besoin d'une médiation. Ils ont offert des sacrifices pour se concilier les bonnes grâces de la divinité et ils ont confié cette tâche à des hommes mis à part pour ces fonctions sacrées accomplies dans des édifices réservés à cet usage. Dans la première Alliance, le culte rendu à Dieu dans le temple de Jérusalem s'inspirait en partie de ce modèle : de nombreux sacrifices, nécessitant un clergé important, officiant dans un édifice dont on ne cessait de rehausser la splendeur. Cependant, dès cette époque, les prophètes ne manquent pas de critiquer vertement ce culte et de rappeler que le sacrifice qui plaît à Dieu est celui d'un cœur contrit et humilié et que le jeûne qui plaît à Dieu est de pratiquer la justice et d'avoir pitié des pauvres (par exemple Amos 5,21 ; Isaïe 58).

Dans la Nouvelle Alliance, il n'y a qu'un seul sacrifice : l'offrande que le Christ fait de sa vie. Il n'y a qu'un seul médiateur entre Dieu et les hommes : Jésus dans son humanité sainte. Le peuple saint, sanctifié par l'onction de l'Esprit qui fait de lui le corps du Christ, participe à ce sacerdoce et dans ce peuple quelques-uns sont choisis pour être au service de la vocation commune. Ce que la tradition a résumé dans cette formule : un seul prêtre Jésus Christ, un peuple des prêtres, des ministres (serviteurs) consacrés à la mission évangélique de ce peuple.

Un peuple de prêtres ! Pas un peuple de desservants mis à part pour la célébration d'un culte, mais un peuple saint, sanctifié par le baptême pour être dans le monde ferment du Royaume de Dieu et témoin de l'unique médiation du Christ. Prêtres, non pas à travers une activité particulière considérée comme sainte, mais à travers leur vie ordinaire vécue sous le regard de Dieu dans la foi, l'espérance et la charité. La tradition s'inspirant de la première lettre de saint Pierre (1 P 2,4) complétera en disant peuple de prêtres, de prophètes et de rois. Ce que proclame la liturgie du baptême dans l'oraison qui accompagne l'onction d'huile, signe du don de l'Esprit : « Par le baptême, le Dieu tout-puissant, Père de Notre Seigneur Jésus Christ, vous a libérés du péché et vous a fait renaître de l'eau et de l'Esprit. Vous qui faites maintenant partie de son peuple, il vous marque de l'huile sainte pour que vous demeuriez éternellement les membres de Jésus Christ, prêtre, prophète et roi. » Le pape Jean-Paul II dans son exhortation apostolique « La vocation et la mission des laïcs dans l'Église et dans le monde » (1989) reprend et précise cette vocation : prêtres en consacrant le monde à Dieu par leur vie et leur activité, prophètes parce qu'ils sont appelés à faire briller la force et la nouveauté de l'Évangile dans toute leur vie, rois (ou selon l'Écriture serviteurs de la justice divine) en étant forts dans le combat spirituel et le service de leurs frères. C'est dans la sécularité du monde d'abord que s'exerce ce sacerdoce des fidèles, le pape le souligne avec insistance : « Le monde devient ainsi le milieu et le moyen de la vocation chrétienne des fidèles laïcs, parce qu'il est lui-même destiné à glorifier Dieu le Père dans le Christ» (LCF n° 15). Citoyens du monde, les fidèles laïcs sont en même temps des sujets responsables de leur Église, et c'est au nom de leur baptême que l'Église est amenée à leur confier des responsabilités. Elle l'a fait aujourd'hui, souvent sous le coup de la nécessité, pour pallier le manque de ministres ordonnés, mais cette situation conjoncturelle ne doit pas masquer qu'elle répondait en fait à un appel de l'Esprit qui ne pouvait pas cautionner plus longtemps que des baptisés adultes soient maintenus à l'écart de ce qui se vivait et se décidait dans l'Église.

Ainsi les laïcs ont-il pris une place de plus en plus grande dans la vie de l'Église : catéchèse et enseignement de la théologie, aumôneries de collèges, d'hôpitaux et de prisons, pastorale des funérailles… Dans bien des cas, ce sont eux qui représentent l'Église et exercent en son nom la miséricorde du Christ à l'égard des petits, des malades, des mourants. Ils assument ces responsabilités avec générosité et compétence. Ils s'y sont préparés par des formations sérieuses et onéreuses. Les femmes tiennent une place importante sinon prépondérante dans tout ce travail…

Certaines de ces responsabilités par leur importance et leur durée sont de véritables ministères, mais ils ne sont pas reconnus comme tels. Trop souvent on en reste au niveau de la suppléance, du bénévolat, du provisoire. Qu'un nouveau prêtre, jaloux de son autorité, ou une communauté sacerdotale arrivent, les laïcs sont remerciés et la pastorale reprend son visage clérical. Une évolution heureuse vers une prise en charge en coresponsabilité de la communauté est ainsi remise en question, non sans malaises et frustrations. Pour éviter de telles situations, il serait important que les ministères laïcs soient reconnus et accrédités par une célébration liturgique et que la charge leur en soit confiée dans l'invocation de l'Esprit saint. Il ne s'agit pas de cléricaliser des laïcs, mais de reconnaître les responsabilités que leur sacerdoce baptismal leur donne dans l'Église.

Ces ministères sont à définir selon les besoins des communautés et l'expérience déjà importante que nous avons de leur pratique. Il serait essentiel que soit reconnue la place des femmes dans l'Église et l'on pourrait même envisager un ministère spécifiquement féminin, qui rappellerait la place des diaconesses dans l'Église primitive, à condition de ne pas être une doublure du ministère actuel des diacres et d'avoir sa spécificité. De même, compte tenu de la place qu'elles prennent dans le choix de leurs maris, il serait important que le rôle des épouses de diacres soit reconnu.

Dans le prolongement de cette nouvelle structure, on pourrait prévoir un organisme (conseil des ministères institués) où ces laïcs pourraient rendre compte de leur responsabilité devant l'évêque ou son représentant et donner leur avis sur les questions qui intéressent l'ensemble de la communauté.

Des ministres ordonnés. Appelés par l'évêque (on pourrait souhaiter qu'ils lui soient présentés par la communauté), ils sont consacrés par une ordination sacramentelle pour une tâche essentielle : nourrir dans la foi par la Parole et l'eucharistie le peuple sacerdotal, le sanctifier par les sacrements, le promouvoir dans ses responsabilités, le fortifier dans l'unité. L'ordination ne leur confère pas un pouvoir sacré qui ferait d'eux des êtres à part, comme dans le paganisme ou dans l'ancienne Alliance, elle les consacre au service du peuple saint et de sa mission. Ils ont essentiellement à aider les fidèles à faire de leur vie une eucharistie : offrande et action de grâces. Dans la foi au Christ, ils les ouvriront à l'amour des autres et les éveilleront à l'espérance d'un monde accompli dans le retour du Christ. Vécue dans l'Esprit, cette tâche les configure au Christ Pasteur avec qui ils donnent leur vie pour les fidèles qui leur sont confiés, et c'est là leur joie que personne ne pourra leur ravir.

Dans cette mission qui est essentiellement d'accompagnement, ils peuvent avoir l'impression d'avoir vu leur champ d'action et de responsabilité se réduire. Ce n'est vrai qu'en apparence. Déchargés d'un certain nombre de tâches, ils vont pouvoir se consacrer plus complètement à l'annonce de l'Évangile et à l'accompagnement spirituel des fidèles. Ils pourront dégager du temps pour se ressourcer et approfondir leur connaissance de l'Écriture. Au lieu de faire tout, tout seul, ils auront la joie de nouer des liens de collaboration et d'amitié avec des laïcs, engagés avec eux dans la construction de la communauté. Cette nouvelle manière de vivre leur mission leur permettra une vie plus féconde et plus équilibrée.

On ne peut pas parler aujourd'hui du ministère et de la vie des prêtres sans aborder la question de l'ordination d'hommes mariés. Ce n'est pas une question dogmatique, l'Église catholique a toujours admis l'ordination d'hommes mariés : dans l'Antiquité, dans les Églises catholiques d'Orient, aujourd'hui dans l'Église d'Angleterre avec l'accueil de prêtres venant de l'anglicanisme. C'est une question de choix pastoral qui s'est fait progressivement en Occident à partir des ve-vi^{e} siècles pour des raisons où le cultuel et l'économique tenaient parfois plus de place que l'évangélique. Le cultuel parce qu'on restait sensible à une conception sacrale du culte qui dans le paganisme, et dans une certaine mesure dans l'Ancien Testament, exigeait pour des raisons de pureté que les prêtres s'abstiennent de relations sexuelles la veille du jour où ils devaient célébrer. Ce qui, avec la généralisation de la célébration quotidienne de la messe, posait des problèmes et a conduit à demander le célibat aux prêtres.

Au plan économique, l'exercice du ministère étant lié à la possession de bénéfices ecclésiastiques, on craignait de voir les biens d'Église se dissoudre dans des successions multiples, d'où, là aussi, l'exigence du célibat. Ceci dit, l'Occident chrétien a donné peu à peu un contenu spirituel à ce choix ; il l'a inséré dans une perspective de vie évangélique, présente de tout temps dans l'Église, liée à la pauvreté et à l'obéissance. Il n'est pas question de renoncer à cet héritage et de ne pas proposer à ceux qui le souhaitent de cueillir les fruits d'un choix qui lie célibat et ministère au sein d'une communauté sacerdotale. Mais il me semble que nous sommes arrivés à un degré de maturation de la spiritualité conjugale qui permettrait d'unir dans une même existence mariage et engagement dans le ministère presbytéral. Si personnellement je souhaite cette rencontre, ce n'est pas pour pallier le manque de prêtres, encore moins pour remédier aux difficultés qu'on peut rencontrer dans une vie de prêtre célibataire, mais parce qu'il me semble qu'il y a là une richesse spirituelle dont l'Église aurait tort de se priver. Comme elle a su reconnaître la valeur ministérielle d'un célibat évangélique, elle pourrait reconnaître celle d'un mariage chrétien où les deux sacrements, mariage et ordination, se vivifieraient l'un et l'autre dans une commune orientation au royaume de Dieu. En relisant ces jours-ci l'appel de Mgr Riobé, « L'Église est invitée au courage », de 1976, je ne peux me défaire de l'impression que nous avons laissé passer des occasions, il y avait alors des laïcs mariés, bien formés, disponibles pour une ordination. Retrouverons-nous une génération de cette qualité ? Bien sûr, un tel choix ne peut pas se faire de façon arbitraire ou autoritaire, il ne peut résulter que d'un dialogue ouvert entre évêques et baptisés. On avait espéré ce dialogue possible. Il y a quelques années, il s'était ouvert dans les synodes diocésains, il a souvent été refermé de façon autoritaire, c'est bien dommage… et très dommageable à la régénération du corps ecclésial tout entier.

Cette question, qui occupe souvent le devant de la scène, si importante qu'elle soit, ne doit pas nous masquer l'essentiel qui est d'établir de nouvelles relations entre laïcs et prêtres. Chacun reconnaissant, aimant et respectant la vocation de l'autre dans une commune volonté de construire une Église fraternelle, où tous se sentent responsables les uns des autres. Si l'on voulait résumer en une formule le sens des efforts à faire pour convertir l'esprit de nos relations intra-ecclésiales, on pourrait peut-être dire qu'il faut désacraliser les structures et évangéliser les relations.

La restauration du diaconat est aussi un fruit spirituel du Concile. En France, le nombre des diacres est en progression régulière. Il semble qu'un accord se fasse peu à peu pour privilégier l'aspect service et témoignage de leur fonction et éviter qu'ils soient considérés comme des prêtres de seconde zone. Ils incarnent la compassion de l'Église pour les petits et les pauvres et peuvent témoigner de sa présence dans des milieux professionnels où elle est absente. Un des principaux fruits de leur restauration reste cependant pour moi le fait de lier dans une même personne, pour les diacres mariés, la grâce du mariage et celle de l'ordination. Il y a là une situation spirituelle qui peut ouvrir des horizons nouveaux pour l'Église d'Occident.

Au cœur des relations prêtres-laïcs, comme de toute la vie de la communauté chrétienne, il y a la figure de l'évêque. Aujourd'hui comme hier elle est centrale. Il est le garant de l'apostolicité de l'Église, c'est-à-dire de sa fidélité à l'Évangile et à la tradition reçue des apôtres. À cet égard, il a un rôle primordial dans l'annonce de la parole. Il est le centre de l'unité de l'Église, à la fois de son unité interne et de sa communion avec les autres Églises. Il est l'interprète autorisé du discernement de l'Église dans ses rapports avec la société… Ce rôle, il l'accomplit sous sa responsabilité propre, mais il ne l'accomplit pas seul. Il est en lien de communion avec l'évêque de Rome « qui préside à la charité de toutes les Églises », et sa fonction ne peut s'exercer de manière évangélique qu'en lien constant et fraternel avec son peuple, à travers des contacts personnels comme à travers les différents conseils qui l'entourent. Encore faut-il que ces conseils soient le reflet des différentes sensibilités du peuple chrétien et jouissent d'une vraie liberté de parole.

Si l'Église est vraiment vécue comme communion de communautés, les relations du peuple sacerdotal avec ses ministres seront expressives d'une charité cordiale dans une foi et une espérance communes et partagées.

POUR ALLER PLUS LOIN :

– Lire l'exhortation apostolique de Jean-Paul II, « La vocation et la mission des laïcs dans l'Église et dans le monde » (1988), en particulier les numéros 14 à 18.

– Le père Jean Rigal, dont les travaux théologiques sur l'Église font autorité, est revenu plusieurs fois dans des articles de *La Croix* sur la nécessaire prise en compte du sacerdoce des baptisés. Ainsi, dans un article du 12 décembre 2009, il écrit : « La réalité première du Peuple de Dieu ne réside pas dans la diversité des fonctions et des charismes, mais dans le "nous des baptisés" qui, ensemble, constituent le Corps du Christ. Les ministres ne surplombent pas cet ensemble, ils en font partie. [...] L'ordination ne sépare pas, elle envoie » (cité dans Yves de Gentil-Baichis, *Conciliaires ou traditionnels ? Enquête sur les futurs prêtres*, DDB, 2011, p. 53). Reprenant le même thème dans *La Croix* du 15/16 janvier 2011, « Faire droit au sacerdoce des baptisés », le père Rigal insiste :

« Le Concile a remis en valeur le sacerdoce commun des baptisés qui s'exerce dans l'écoute de la Parole de Dieu, la célébration et la mission (*Lumen gentium* n° 10 à 12). C'est là une voie porteuse d'avenir dont l'application dépend entièrement de nous, avec la force de l'Esprit.

En réalité sur ce point, Vatican II ne fait que réactualiser, pour notre temps, ce que nous apprend le Nouveau Testament sur l'Église des origines. À aucun moment, aux temps apostoliques, on ne parle du "sacerdoce des prêtres". Ce langage restrictif n'est apparu qu'à partir du début du IIIe siècle. Dans le Nouveau Testament, le mot "sacerdoce" est réservé au Christ, dans la lettre aux Hébreux, et au peuple des baptisés dans la 1re lettre de Pierre et dans l'Apocalypse. [...] Telle est bien l'insistance de Vatican II : mettre en relief la vocation commune des chrétiens, en vertu d'une égalité fondamentale de tous les baptisés. Donner toute son importance à la "vocation baptismale" est primordial aux yeux du Concile et ouvre des chemins nouveaux. Il est urgent d'en tirer les conséquences en imaginant d'autres formes de vie ecclésiale. »

– Travailler le chapitre du père Moingt : « L'une et l'autre part au sacerdoce du Christ » dans *Dieu qui vient à l'homme*, tome 2 *De l'apparition à la naissance de Dieu*, volume 2, « Naissance », p. 836 à 851. Il y rappelle les fondements scripturaires du sacerdoce des fidèles, essentiellement la première lettre de Pierre et l'Apocalypse, faisant remarquer que sur ce point convergent deux traditions chrétiennes (pétrinienne et johannique), ce qui donne toute sa force à leurs affirmations et fonde solidement la liberté et l'universalité de ce sacerdoce. Il critique alors la position qui soumet étroitement le sacerdoce des fidèles au pouvoir des clercs et évoque la part active que les fidèles doivent prendre, au nom de leur baptême, à la vie et au témoignage de l'Église.

– Enfin on trouvera une très bonne présentation de toutes les questions que nous pouvons nous poser sur les ministères ordonnés dans le chapitre que le père Sesboüé consacré au sacrement de l'ordre dans son livre *Invitation à croire. Des sacrements crédibles et désirables*, Cerf, 2009, p. 243 à 285.

Les charismes dans l'Église

Saint Paul consacre trois chapitres (12, 13 et 14) de la première épître aux Corinthiens à la question des charismes dans la communauté. C'est dire son importance ! Il reconnaît parmi les fidèles l'existence de dons spirituels divers : parole prophétique, discours de sagesse, discernement, guérison… et il précise : « À chacun la manifestation de l'Esprit est donnée en vue du bien commun » (1 Co 12,7). Les charismes sont donc bien des dons de l'Esprit et leur finalité communautaire est bien affirmée.

Le mot charisme avait presque disparu du vocabulaire chrétien, remplacé par celui de dons : les dons du Saint-Esprit. Cela a favorisé une interprétation personnelle des dons de l'Esprit sans souligner assez qu'ils n'existaient que pour le bien du corps entier. La théologie spirituelle de Vatican II a remis en honneur cette dimension et l'on a reparlé de charismes. Ce fut d'abord à l'occasion de ce qu'on a appelé le renouveau charismatique. Né dans la mouvance du Concile, il s'est exprimé dans des groupes de prière « charismatiques » et des communautés qui se voulaient évangéliques. Très marqués au début par des manifestations d'émotion collective qui donnaient à la prière une coloration festive où l'on voulait retrouver les dons spirituels évoqués par saint Paul dans l'épître aux Corinthiens, ces groupes se sont peu à peu rapprochés de formes plus traditionnelles de la prière, tout en conservant un accent propre sur la louange et la demande de guérison. Les communautés qui se sont constituées en réaction contre le formalisme et la rigidité de trop de communautés religieuses ont mis d'emblée l'accent sur une fraternité sans frontières (hommes et femmes, célibataires et couples, prêtres et laïcs), sur la prière communautaire, sur le partage des biens et l'accueil des blessés de la vie. Le projet était audacieux, il a connu un succès rapide qui n'a pas toujours favorisé discernement et formation. Il a fallu retrouver certaines règles de prudence que la tradition chrétienne avait élaborées au cours des siècles. L'Église en France a beaucoup favorisé l'intégration de cette nouveauté en accueillant ces communautés dans la pastorale commune et en leur confiant des responsabilités. Elle a dû aussi intervenir pour corriger des excès et maintenir le droit des personnes face aux pressions de l'autorité ou de la communauté. Tout ceci porte des fruits dans la durée et plusieurs communautés nouvelles sont aujourd'hui un élément dynamique de la vie de l'Église. Il ne faudrait pas cependant que cette « normalisation » éteigne ce qu'il y avait de souffle novateur dans ces mouvements.

Le fait que le mot « charisme » ait été réintroduit et un peu monopolisé par les groupes charismatiques ne doit pas nous empêcher de le retrouver aujourd'hui dans bien des domaines de l'activité de l'Église. Partout où des laïcs sont à l'œuvre, dans la catéchèse et l'enseignement théologique, dans la pastorale de la santé, dans la présence aux exclus, dans le renouveau de la prière autour des monastères et des centres spirituels… l'Esprit est à l'œuvre. Sa présence se fait sentir dans les baptêmes d'adultes, dans la présence des recommençants dans nos assemblées, dans l'audience que trouvent dans notre monde sécularisé des œuvres profondément spirituelles et évangéliques comme le film *Des hommes et des dieux*, dans la présence active de chrétiens dans le combat pour la justice et la lutte contre l'exclusion…

Plutôt que de tenter une liste impossible de tous les fruits de l'Esprit au niveau de l'agir chrétien, j'aimerais souligner quelques attitudes spirituelles présentes dans les jeunes générations bien au-delà des frontières de l'Église et qui me semblent une trace de l'Esprit dans notre temps.

Un besoin d'authenticité.

Quelles que soient les options en présence et les choix à faire, on découvre chez beaucoup une soif d'authenticité. Elle s'exprime en particulier chez les recommençants qui, gardant le souvenir d'une première expérience religieuse décevante, désirent vivre une foi adulte, raisonnée et engagée. Beaucoup aussi, dans leurs choix économiques et sociaux, s'efforcent de mettre en harmonie leurs options profondes et leur agir quotidien, d'où des engagements dans le développement durable, l'écologie ou les relations sans frontières. Une orientation où se vérifient les fruits de l'Esprit.

Une soif d'intériorité.

Paradoxalement, dans un monde qui privilégie l'efficacité visible, le paraître, on trouve de plus en plus de gens qui, à travers diverses méthodes, cherchent à retrouver au fond d'eux-mêmes ce qui est essentiel. Ils acceptent pour cela des ascèses de recueillement, de concentration. Ils s'imposent un style de vie qui fasse place à la méditation, aux temps de ressourcement dans le silence… Très personnelle, cette recherche peut s'aider d'un recours à des courants spirituels variés, sans que cela suppose une adhésion à une sagesse religieuse précise. En témoigne la clientèle des hôtelleries de monastères de plus en plus nombreuse et variée. Cette soif d'intériorité ne rejoint pas encore les chemins de l'Évangile, elle témoigne d'une attente et on peut y discerner le murmure de l'Esprit au cœur d'un monde sécularisé.

Un sens nouveau de la solidarité.

Pour des générations plus anciennes, la solidarité était un devoir moral ou religieux. Il semble qu'elle devienne aujourd'hui un élément nécessaire d'un nouvel humanisme : on ne peut pas se penser soi-même sans se référer à l'autre et on ne peut exclure personne de l'humanité. D'où des attitudes, en quelque sorte spontanées, de prise de parti pour les exploités, les exclus, les handicapés : cela va de la gentillesse à des engagements plus ciblés.

On pourrait continuer cette recherche, il y a certainement d'autres signes de l'action de l'Esprit dans notre temps. J'ai retenu ces trois-là parce qu'ils me semblent assez caractéristiques des recherches spirituelles de nos contemporains quelles que soient leur références – ou leur absence de références – religieuses. Il nous est permis d'y discerner des signes des temps, c'est-à-dire à la fois des orientations et des appels de l'Esprit. Au-delà même des renouveaux à l'intérieur de l'Église, nous ne sommes pas sans signes de l'Esprit. Aujourd'hui comme hier les charismes sont à l'œuvre, sachons les reconnaître.

POUR ALLER PLUS LOIN :

Sur la question plus précise du « renouveau charismatique », on trouvera dans *Je crois en l'Esprit saint*, Cerf, 1983, tome 2, p. 187 à 271, une étude du père Congar qui situe bien l'importance et la nature de l'événement, comme les problèmes qu'il a posés à l'Église.

On pourra lire aussi, plus général et plus dogmatique : Karl Rahner, « Les charismes dans l'Église », dans *Éléments dynamiques dans l'Église*, DDB, 1967, p. 39 à 75.

Dans l'Esprit, l'eucharistie fait l'Église

Nous avons déjà eu l'occasion d'évoquer la place de l'eucharistie à la naissance de l'Église (ch. 3). Au repas de la Cène les disciples se sont trouvés rassemblés pour vivre et anticiper la Pâque du Seigneur : pâque du serviteur, de l'agneau immolé, du pain partagé. Lorsque les premières communautés se sont rassemblées le jour du Seigneur, leur attention était centrée sur le mémorial de la Pâque dans l'attente du retour du Seigneur. Passé et avenir se donnaient mutuellement sens dans le repas du Seigneur. Nous avons peut-être un peu oublié cette orientation de l'eucharistie vers l'avenir. Elle n'est pas seulement le pain de notre route, la présence du Seigneur à notre vie, elle est l'acte qui, jour après jour, construit l'Église pour le Royaume.

– Elle rassemble la communauté autour de la Parole et du mémorial du Seigneur. Dès l'origine en effet, comme dans la rencontre d'Emmaüs, la parole a été convoquée pour éclairer et accompagner le geste du partage. C'est en elle et par elle que la foi des fidèles a pu reconnaître dans l'eucharistie la présence du Christ ressuscité communiquée aux siens dans la fraction du pain.

– En reprenant le geste de Jésus, comme il nous l'a demandé, l'eucharistie constitue la communauté des croyants en Corps du Christ. « Recevez ce que vous êtes et devenez ce que vous recevez : le corps du Christ », pouvait dire Augustin aux fidèles d'Hippone.

– L'Esprit a un rôle, longtemps méconnu, dans cette construction du corps du Christ. La réforme liturgique de Vatican II l'a remis en honneur en soulignant, dans les nouvelles prières eucharistiques, la place des épiclèses (invocations à l'Esprit). Invocation sur le pain et le vin pour qu'ils deviennent pour nous corps et sang du Christ, sacrement de sa vie livrée. Invocation sur la communauté pour qu'elle devienne Corps du Christ, témoin de sa vie, jusqu'à son retour.

– C'est donc par l'Esprit que se fait la double conversion eucharistique, celle du pain et du vin, celle de la communauté. C'est dans son Esprit que le Christ ressuscité se rend présent à son Église, qu'il devient sa nourriture de vie et le ciment de son unité.

L'exemple de Taizé peut nous aider à découvrir l'Église se construisant dans la Parole et dans l'eucharistie. Une communauté rassemblée dans la prière, l'accueil de l'Évangile, s'ouvrant aux solidarités humaines, amenée peu à peu à célébrer une eucharistie commune et devenant ainsi signe de l'Église indivise. N'y a-t-il pas là un exemple qui pourrait nous guider : célébrée dans l'Esprit, l'eucharistie construit l'Église pour l'avenir.

Cet exemple rejoint bien d'autres expériences de la place de l'eucharistie dans la vie de l'Église. Nous en témoignons, mais dans le monde catholique de nos pays cette certitude se heurte à une difficulté, née de la diminution du nombre de prêtres, qui contraint des communautés à être privées d'eucharistie ou à ne pouvoir la célébrer que rarement. Les différents essais de solution (Adap…), quel que soit leur intérêt, ont vite montré leurs limites ou leur ambiguïté. Rien ne peut remplacer l'eucharistie célébrée au cœur de la communauté chrétienne.

Ne faudrait-il pas alors revoir les conditions actuelles de célébration de l'eucharistie ? Et chercher, dans la fidélité à la tradition de l'Église, ce qui pourrait être fait pour permettre aux fidèles qui veulent être le Corps du Christ de s'en nourrir plus habituellement ?

Il existe déjà plusieurs rites de célébrations de l'eucharistie, ne pourrait-on pas distinguer des célébrations domestiques et des célébrations festives de l'unité, étant entendu qu'elles ont toutes une signification universelle ? Une communauté à taille humaine qui se retrouve habituellement pour étudier la Parole, relire sa vie et ses engagements ne pourrait-elle pas demander à l'évêque de désigner un de ses membres pour présider l'eucharistie qui consacrerait leurs rencontres, sans autres conditions que celles posées par saint Paul, une vie honnête et fidèle, l'aptitude à bien gouverner sa famille ? Présenté par la communauté, il exercerait son ministère pour elle. Sa désignation par l'évêque manifesterait bien que nul ne s'approprie cette mission (ni la personne ni la communauté), mais qu'elle est reçue de l'Esprit dans la tradition de l'Église. On pourrait dans ce sens prévoir une ordination qui ne serait pas ordination à la participation au ministère épiscopal de l'évêque, comme nos ordinations presbytérales actuelles, mais à l'animation et à la sanctification d'une communauté locale. L'Église a déjà retrouvé, au cours de son histoire, l'ordination épiscopale et l'ordination diaconale, elle peut en inventer d'autres.

Sans compter qu'on peut se demander si l'ordination d'un moine au titre de la pauvreté n'est pas déjà orientée plus vers le service eucharistique de sa communauté que vers la participation à la tâche apostolique d'un évêque.

L'Église étant une communion de communautés, d'autres rencontres réuniraient périodiquement les communautés d'un secteur ou d'un diocèse pour des célébrations festives de l'unité présidées par l'évêque ou un prêtre de son presbyterium. Ainsi seraient assurées à la fois la convivialité et l'universalité du repas du Seigneur, les fidèles ne manqueraient pas de la nourriture eucharistique et l'eucharistie construirait l'Église autour de l'évêque et de la Parole authentifiée par la fraction du pain.

Il ne m'appartient pas de promouvoir l'une ou l'autre forme de célébration de l'eucharistie. C'est la tâche des responsables de l'Église en dialogue avec le peuple de Dieu. J'ai simplement voulu amorcer ce dialogue et souligner qu'il y avait là un problème urgent pour la vie du peuple de Dieu et qu'il était important de rendre aux communautés la responsabilité de leur vie eucharistique.

L'Église ne grandit pas à coup de décrets ou de rafistolages institutionnels, mais dans la fidélité à l'Esprit qui la construit autour de la Parole et de l'eucharistie. C'est lui qui l'oriente vers l'avenir du Royaume à accueillir et à construire. La communauté eucharistique n'est-elle pas déjà une figure et une anticipation de la Cité de Dieu ?

POUR ALLER PLUS LOIN :

Un texte de saint Augustin, fondamental et parfois bien oublié :

« Si vous voulez comprendre ce qu'est le Corps du Christ, écoutez l'apôtre dire aux fidèles : "Vous êtes le Corps du Christ et ses membres" (1 Co 12,27). Si vous êtes le Corps du Christ et ses membres, c'est donc votre mystère qui est placé sur la table du Seigneur, recevez votre mystère. À ce que vous êtes, répondez : Amen et souscrivez-y en y répondant. Vous entendez : "voilà le Corps du Christ" et vous répondez : Amen. Soyez membres du Christ pour que votre amen soit vrai ! Pourquoi du pain ? Ici nous n'avançons rien de nous-mêmes, nous écoutons une fois de plus ce même apôtre qui, lorsqu'il parle de ce sacrement, dit : "Puisqu'il n'y a qu'un pain, à nous tous nous ne formons qu'un seul Corps" (1 Co 10,17). Comprenez et réjouissez-vous : unité, vérité, piété, charité. Un seul pain : qu'est-il ce pain unique ? Un corps aux membres nombreux. Rappelez-vous que le pain n'est pas né d'un seul grain de blé mais d'une multitude. Quand vous avez été exorcisés, c'est comme si vous aviez été broyés. Quand vous avez été baptisés, c'est comme si vous aviez été pétris. Quand vous avez reçu le feu du Saint-Esprit, c'est comme si vous aviez été cuits. Soyez ce que vous voyez et recevez ce que vous êtes [...] Le Christ a consacré à sa table le mystère de notre unité et de notre paix. Celui qui reçoit le mystère de l'unité et ne garde pas le lien de la paix ne reçoit pas un mystère pour lui mais un témoignage contre lui » (*Sermon* 272).

Une communion de communautés

Animée par l'Esprit, l'Église est communion à l'image de la Trinité du Père et du Fils dont l'unité se vit dans l'amour de l'Esprit qui les unit. Comment cette vision de l'Église peut-elle se traduire dans l'épaisseur de notre histoire ?

La première figure de l'Église, c'est la communauté des croyants unis dans l'écoute de la Parole de Dieu et le mémorial de la Pâque du Seigneur. Une communauté qui se doit d'être fraternelle, compatissante aux petits et aux pauvres, ouverte à tous. C'est là que la vie ecclésiale va prendre sens. La prière qui devient supplication et action de grâce communes pour la croissance du Royaume, l'eucharistie qui peut prendre sa vraie figure de communion au Christ dans la charité vécue, les sacrements qui se révèlent chemins d'unité et de conversion célébrés dans la foi partagée. C'est là que peut se vivre l'esprit des béatitudes dans l'acceptation quotidienne du frère. On peut se réjouir de voir, aujourd'hui, cet esprit communautaire se répandre de plus en plus. Beaucoup de groupes chrétiens de différents styles (paroisses, réseaux, mouvements) deviennent peu à peu de vraies communautés. À mesure que cette tendance s'affirme, on peut espérer voir ces communautés se prendre en charge et susciter les ministères dont elles ont besoin.

Tout n'est pas dit cependant de l'Église dans cette perspective locale. L'Église a un visage universel et l'Esprit en elle ne connaît pas de frontières. Il est toujours le Souffle qui pousse à aller plus loin à la rencontre de l'autre et à la communion avec lui. Dans ce dynamisme de Pentecôte, l'Église ne peut pas prendre la figure d'un grand organisme unitaire où les charismes seraient noyés dans l'uniformité. Elle a été tentée de le faire, mais toujours l'Esprit est venu combattre en elle cette tentation au prix parfois de divisions douloureuses. Dans l'Esprit l'Église ne peut se vouloir que « communion de communautés ». C'est dire que sa vocation est de rassembler dans une même foi et une même mission des communautés locales qui ont chacune leur physionomie propre. Cette diversité est à respecter car elle est condition et fruit d'une véritable inculturation de l'Évangile dans un terreau humain. Les différences alors peuvent être vécues comme un enrichissement mutuel et non plus comme un obstacle à la communion. L'Église, ce sont les communautés de base d'Amérique latine, mais ce sont aussi les grands rassemblements autour du pape et les groupes de prière et de partage disséminés un peu partout.

C'est dans cette perspective que pourront se vivre de véritables progrès dans l'œcuménisme. Les séparations se sont faites dans l'affirmation des différences jusqu'à la caricature. L'unité viendra de la reconnaissance que l'Esprit est celui qui, comme à la Pentecôte, rassemble ce qui est divers. Des communautés chrétiennes nous ouvrent le chemin, qui vivent déjà cette réconciliation dans l'accueil de sensibilités différentes : Taizé, Grandchamp, la communauté du Chemin Neuf…

À une époque où, face au sécularisme ambiant, bien des groupes, religieux ou autres, sont tentés de se replier sur un communautarisme identitaire, l'Église catholique a un témoignage important à donner : celui d'une communauté aux multiples visages, unie dans une libre communion où chacun peut se sentir respecté et responsable. Encore faut-il que l'Église soit vraiment ce qu'elle prétend proposer au monde : une communion de communautés.

POUR ALLER PLUS LOIN :

Toutes les études sur l'avenir de l'Église soulignent que le renouveau ne pourra venir que de petites communautés fraternelles qui rendront visibles le témoignage de l'Évangile, ainsi Mgr Dagens dans son dernier rapport à l'assemblée des évêques de France de 2009, « Former des communautés fraternelles et apostoliques. La sacramentalité de l'Église passe évidemment par des communautés particulières. Alors la communion de l'Église devient visible et crédible, avec toutes les exigences qu'elle comporte : et notamment celle qui consiste à vivre la fraternité chrétienne au sein même des diversités et parfois des tensions, qui existent entre les membres d'une même communauté » (*Entre épreuves et renouveau. La passion de l'Évangile*, p. 107).

On trouvera une bonne étude sur « Les petites communautés cellules d'Église » dans le livre du père Jean Rigal, *L'Église en quête d'avenir*, Cerf, 2003, p. 49 à 67.

Sur l'Église communion et communion de communauté, deux livres de référence :

- J.M.R. Tillard, *Église d'Églises, l'ecclésiologie de communion*, Cerf, 1987.
- Jean Rigal, *L'ecclésiologie de communion*, Cerf, 1997.

Obéir en esprit et en vérité

Membres d'une communauté qui, pour accomplir sa mission, a pris le risque de l'institution, nous avons tous été, un jour ou l'autre, confrontés à un problème d'obéissance, d'autant plus que nous croyons cette institution habitée par l'Esprit. Face à une directive des autorités responsables de l'Église qui nous heurte, comment réagir ? À quoi nous engage l'obéissance ?

Tenter de répondre à ces questions ne peut se faire qu'en reprenant des étapes essentielles du parcours de la foi.

On ne croit pas seul ! Si personnel qu'il soit, l'acte de foi n'est jamais solitaire. On croit dans une tradition. Comme le dit saint Paul : « Je vous ai transmis ce que j'avais moi-même reçu… » (1 Co 15,3). C'est vrai pour chacun de nous, la foi, ou plus exactement l'appel à la foi nous l'avons reçu de nos parents, d'éducateurs ou d'amis, de l'Église qui a porté l'Évangile jusqu'à nous. Et le choix de croire nous a mis en relations fraternelles avec d'autres croyants qui partagent notre foi.

Une tradition vécue, transmise, suppose une règle de foi à laquelle on puisse se référer et une autorité chargée de la promouvoir et de l'interpréter. Toutes les traditions religieuses sont confrontées à ce problème qu'elles s'efforcent de résoudre de différentes manières. L'Église catholique, pour sa part, s'est dotée d'un credo et d'un magistère de vigilance et de communion qu'elle a confié aux évêques successeurs des apôtres. Au-delà du credo et du magistère, la référence fondamentale reste l'Évangile « écouté avec amour, gardé saintement, exposé fidèlement » (*Dei Verbum* n° 10).

L'acte de foi se vit en liberté. Vécu dans ce contexte de tradition, l'acte de foi reste un acte libre, auquel personne ne peut être contraint, fût-ce au nom de la vérité de la Révélation.

Ceci rappelé, quelles peuvent être les étapes d'une obéissance chrétienne vécue en esprit et en vérité. Obéissance qui se révélera être une obéissance en Église, avec elle, à l'intérieur d'elle, plus qu'une obéissance à l'Église.

Obéir, c'est écouter. Le premier commandement n'est-il pas celui de l'écoute attentive de la Parole de Dieu. « Écoute Israël », « Heureux ceux qui écoutent la Parole de Dieu et qui la gardent ». Écouter ici, c'est plus qu'entendre ou même comprendre, c'est accueillir une parole comme parole de vérité et de vie. Ce n'est donc pas moi qui vais l'éprouver pour dire si elle est vraie ou fausse, c'est elle qui me juge et qui me dira si je fais ou non la vérité. Écouter ainsi, c'est déjà renaître dans l'Esprit, ordonner sa vie à la lumière de ce qu'on accueille.

Obéir, c'est se vouloir solidaire. Obéir, c'est donc accueillir comme parole de vie une révélation qui me rejoint dans une histoire et dans un peuple. C'est aussi entrer en communion avec la foi de ce peuple. Un des premiers soucis du croyant qui se veut fidèle sera de s'enraciner dans la vie du peuple de Dieu, de partager sa prière, sa mission, le témoignage qu'il s'efforce de rendre au Christ. Il n'aura plus besoin alors de se demander s'il obéit à l'Église, il prendra conscience qu'il en est un membre vivant : sa vie, sa mission sont devenues les siennes et il y consacrera naturellement ses forces. Sa liberté ne sera pas contrainte par une autorité extérieure, elle sera solidaire de ceux qu'il rejoint dans la foi, l'espérance et la charité.

Obéir, c'est choisir la communion. Quand je me trouverai en face d'un contexte ecclésial ou de directives qui me semblent s'éloigner de l'Évangile et que je serai tenté de prendre mes distances avec l'Église, je ferai prévaloir le souci de la communion, sachant qu'on ne réforme pas l'Église de l'extérieur. Nous avons déjà cité à ce sujet un texte éclairant de Bernanos sur François d'Assise. Nous pourrions aussi invoquer des exemples plus proches de nous, ceux du père Teilhard de Chardin, des grands théologiens du Concile : Congar, de Lubac, qui tous ont eu à souffrir par l'Église et ont accepté de souffrir pour l'Église.

Obéir, c'est discerner. Obéir en esprit et en vérité, c'est nécessairement discerner ce qui m'est demandé en conscience.

– À un enseignement qui définit le contenu de la foi, je répondrai par une obéissance qui s'attachera à la vérité ainsi définie, pas nécessairement au langage et au contexte dans lequel cette définition est portée. Ceci vaut par exemple pour les vérités dogmatiques proclamées comme telles.

– À une parole qui développe des conséquences théoriques ou pratiques des vérités de foi (par exemple les encycliques), je peux poser des questions sur la valeur du lien établi avec la Révélation, ceci en toute liberté de conscience et respect de la fonction magistérielle.

– Aucune directive ne dispense de discernement. Obéir en Église, c'est suivre sa conscience, une conscience éclairée qui se veut fidèle à la foi reçue, vécue dans la communion de l'Église. Il arrive cependant que des consciences chrétiennes loyales aient du mal à reconnaître dans une directive d'Église l'écho actuel de l'Évangile. Elles ont alors à discerner devant Dieu leur conduite personnelle qui pourra aller jusqu'à l'objection de conscience à l'égard d'une directive pratique. Elles le feront dans un amour renouvelé de l'Église, ne récusant jamais purement et simplement la parole qui les heurte, cherchant à la comprendre et à discerner ce que Dieu veut leur dire à travers elle, même lorsqu'en conscience elles ne se sentent pas tenues de la suivre. Elles ne s'enfermeront pas non plus dans leur propre point de vue, sachant que la vérité est toujours à faire et qu'elle ne peut s'approcher qu'en dialogue dans l'Église. C'est ce qu'ont tenté de faire des foyers chrétiens après la publication de l'encyclique *Humanae vitae* ou des prêtres ouvriers après l'interdiction qui leur était faite de continuer le travail à temps plein en usine.

Nous identifions souvent obéissance et soumission, c'est plus complexe. L'obéissance de foi, à l'exemple de celle de Jésus à son Père, est toujours un acte de liberté, une liberté qui a choisi son point d'ancrage et qui s'y donne tout entière.

POUR ALLER PLUS LOIN :

On aimera relire cette page du cardinal de Lubac, écrite à une époque où il était lui-même réduit au silence :

« Il se peut que bien des choses, dans le contexte humain

de l'Église, nous déçoivent. Il se peut aussi que nous y soyons, sans qu'il y ait de notre faute, profondément incompris. Il se peut que, dans son sein même, nous ayons à subir persécution. Le cas n'est pas inouï, quoiqu'il faille éviter de nous l'appliquer présomptueusement. La patience et le silence aimant vaudront alors mieux que tout ; nous n'aurons point à craindre le jugement de ceux qui ne voient pas le cœur et nous penserons que jamais l'Église ne nous donne mieux Jésus Christ que dans ces occasions qu'elle nous offre d'être configurés à Sa Passion. L'épreuve sera peut-être plus lourde, si elle ne vient pas de la malice de quelques hommes, mais d'une situation qui peut paraître inextricable : car il ne suffit point alors pour la surmonter d'un pardon généreux ni d'un oubli de sa propre personne. Soyons cependant heureux, devant « le Père qui voit dans le secret », de participer de la sorte à cette *Veritatis unitas* que nous implorons pour tous au jour du Vendredi saint. Soyons heureux, si nous achetons alors au prix du sang de l'âme cette expérience intime qui donnera de l'efficace à nos accents lorsque nous aurons à soutenir quelque frère ébranlé, lui disant avec saint Jean Chrysostome : "Ne te sépare point de l'Église ! Aucune puissance n'a sa force. Ton espérance, c'est l'Église. Ton salut, c'est l'Église. Ton refuge, c'est l'Église. Elle est plus haute que le ciel et plus large que la terre. Elle ne vieillit jamais, sa vigueur est éternelle." » (*Méditation sur l'Église*, p. 164).

Une Église pour le Royaume

Temple de l'Esprit, l'Église néanmoins n'est pas à elle-même sa propre fin, elle est pour le Royaume. Quand Jésus envoie ses disciples en mission, les douze puis les soixante-douze, il ne les envoie pas fonder de nouvelles communautés mais annoncer que le Royaume de Dieu est proche et il leur donne pouvoir d'en produire les signes en chassant les démons et en guérissant les malades. À la Résurrection, il étend cette mission à toutes les nations, et à la Pentecôte l'Esprit en inaugure la réalisation. Les communautés de croyants qui naîtront de cet événement seront résolument orientées vers le salut de l'humanité. Leur horizon final sera celui qu'évoquait saint Paul : la récapitulation de toutes choses dans le Christ (1 Co 15,28).

Quand nous réfléchissons sur les relations de l'Esprit et de l'Église, nous sommes souvent tentés d'envisager l'Esprit dans l'Église et pour l'Église. Certes il est bien l'âme de l'Église et nous avons vu à quelles dérives on pouvait aboutir lorsqu'on méconnaissait son rôle. Gardons-nous cependant d'agir et de penser comme si l'action de l'Esprit se limitait aux frontières de l'Église. Selon une heureuse expression du père Joseph Moingt : « L'Esprit n'est pas dans l'Église comme dans un enclos mais comme sur une piste d'envol. » (*Dieu qui vient à l'homme*, t. 2, vol. 2, p. 823). C'est dans l'Église que l'Esprit est reconnu, qu'il reçoit son nom d'Esprit du Père et du Fils, qu'il renvoie explicitement à la parole et aux gestes de Jésus. Son action cependant déborde largement les frontières de l'Église, c'est le monde entier qu'il cherche à renouveler dans la révélation du Dieu qui est amour. Partout où l'humanité progresse vers plus de justice et de paix, il est à l'œuvre. Dans l'Église elle-même ses charismes sont toujours orientés vers le service du monde. S'il sanctifie l'Église, c'est pour lui permettre d'être sel de la terre et lumière du monde.

Par fidélité à l'Esprit l'Église est donc appelée à être une Église pour le monde, dans le monde et avec le monde.

Pour le monde.

L'Église ne doit jamais se centrer sur elle-même, sa fin n'est pas sa propre croissance mais le service désintéressé du monde pour l'ouvrir au Royaume de Dieu. Ses vrais problèmes seront donc ceux de la société de son temps : ceux de l'homme dans sa recherche de bonheur, ceux de la cité dans sa quête de justice, ceux de la communauté humaine dans son aspiration à la paix. Mais est-ce bien de cela que nous parlons dans nos multiples réunions ?

Dans le monde.

L'Église ne vit pas en état d'apesanteur culturelle dans le monde. Elle en partage les espoirs et les soucis, les forces et les faiblesses. Toute crise de civilisation a ses répercussions dans la vie de l'Église (évolution de la famille, du statut de la femme, découvertes biologiques, émergence de nouveaux pays...). L'Église ne peut pas s'abstraire de l'évolution du monde, même lorsque celle-ci lui pose des problèmes. Elle doit s'efforcer d'être présente aux questions du monde pour les orienter vers une réponse évangélique adaptée. Comme l'avait écrit le père Teilhard de Chardin : « Les grands convertisseurs comme les grands pervertisseurs d'hommes ont toujours été ceux en qui vivait le plus intensément l'âme de leur temps » (revue *Esprit*, 1946).

Avec le monde.

Solidaire du monde dans lequel elle vit, l'Église le sera jusqu'à accepter de souffrir par le monde, pour le monde.

C'est le témoignage de ses martyrs qui ont offert leur vie en priant pour leurs bourreaux, de ceux qui sont morts pour la liberté religieuse de tous les hommes, pour le respect et la dignité des plus petits.

Loin d'être un milieu indifférent ou une prison, le monde est pour l'Église la terre de son Alliance avec Dieu, l'horizon de sa mission, le terme de son espérance. Elle le traverse comme la fiancée du Cantique à la recherche de son Bien-Aimé dans l'attente du jour où tout sera accompli dans le Christ.

POUR ALLER PLUS LOIN :

– Pour mieux vivre notre mission dans le monde on pourra s'inspirer de ce texte écrit par des jésuites pour des jésuites, mais qui peut éclairer nos attitudes à tous :

« Notre manière de procéder est de trouver les traces de Dieu partout, sachant que l'Esprit du Christ est en travail en tous lieux et situations, et dans toutes les activités et médiations qui cherchent à le rendre davantage présent dans le monde. Cette mission d'essayer de "sentir et goûter" la présence et l'activité de Dieu dans toutes les personnes et les circonstances du monde nous met au centre d'une "tension" qui nous attire en même temps vers Dieu et vers le monde. […] Pour vivre cette mission dans le monde, nous avons besoin de communautés fraternelles et joyeuses dans lesquelles nous nourrissons et exprimons avec intensité la seule passion qui peut unifier nos différences et faire vivre notre créativité » (35e Congrégation générale des jésuites, 2008, décret 2).

– Sur le mode de présence de l'Église au monde de la modernité, on retiendra avec profit ces paroles de Mgr Vilnet à l'Assemblée plénière des évêques de France, Lourdes, le 5 novembre 1987 :
« Dans une situation de pluralisme toujours plus accentuée, alors que la société civile a besoin de plus en plus de toutes ses compétences, l'Église ne peut pas se taire et s'en tenir à un discours semi-confidentiel. Elle doit à sa propre mission et à son service de l'ensemble de nos concitoyens de dire quel est son sens de l'homme, et de le dire à partir des circonstances particulières qui réclament libre expression et engagement. Elle n'intervient pas pour clore le débat. Elle le relance au contraire […] Affranchie, nous le croyons, des tentations de pouvoir qu'elle a connues en des contextes tout autres, l'Église, si elle est fidèle au Christ “qui est venu non pour être servi mais pour servir” n'a rien à cacher. C'est dans sa propre Tradition qu'elle est invitée à puiser pour sa contribution à la recherche commune. Dans ce pays tissé de tradition chrétienne, jusque dans ses mœurs et sa législation, le christianisme

professé et vécu demeure une part précieuse et inaliénable de l'identité de notre peuple. À charge, bien sûr, pour les disciples du Christ de faire la preuve que ce christianisme n'est pas seulement témoin vénérable du passé ou réservoir de symboles riches de culture, mais encore et toujours source de sens nécessaire pour notre présent. »

L'Église nous introduit dans la communion des saints

Le vrai visage de l'universalité de l'Église, c'est la communion des saints. Nous le proclamons dans le Symbole des apôtres : « Je crois en l'Esprit saint, à la sainte Église catholique, à la communion des saints… » Et ce n'est pas un hasard si le texte rapproche ainsi ces trois mots : Esprit saint, Église catholique et communion des saints. La catholicité de l'Église se vit dès maintenant dans la communion des saints. La fête de Tous les Saints nous rappelle que nous sommes membres de cette foule immense des enfants de Dieu groupés autour du Christ ressuscité. Ce que nous contemplons alors dans la foi, c'est le peuple de ceux qui nous attendent et nous espèrent dans la ferveur de leur amour.

Il nous a été donné de vivre des moments de rencontre et de communion dans l'émerveillement, l'amour, la compassion. Ces moments ont illuminé nos vies et c'est à eux qu'il faut revenir si nous voulons découvrir les horizons que l'Église nous ouvre en nous introduisant à la communion des saints. Pour chacun de nous le bonheur est inséparable des visages de ceux que nous avons aimés, de ceux avec qui nous avons construit notre vie. Nous les avons aimés inachevés, marqués comme nous des faiblesses qu'ils essayaient pauvrement de dépasser. Nous les retrouverons accomplis, tels que Dieu n'a cessé de les voir dans son amour. Ils porteront les stigmates des blessures de leurs combats terrestres, comme le Christ ressuscité, et c'est à cela aussi que nous les reconnaîtrons, mais ils seront transfigurés par un amour qui ne pourra plus ni décevoir ni blesser, mais seulement épanouir et combler.

C'est à ce rendez-vous que l'Église nous invite en nous appelant à vivre dès maintenant dans la communion des saints. Elle est, par-delà l'histoire et le temps, ce peuple qui vit en communion avec l'humanité sauvée. Dans sa prière et sa liturgie, elle nous convie à retrouver dans le Christ la foule immense de ceux qui ont partagé nos chemins et qui nous y accompagnent aujourd'hui, vainqueurs avec le Christ, mais toujours à nos côtés. Espérance pour notre avenir, la communion des saints est déjà lumière pour notre présent. Nos relations humaines sont ce qu'elles sont, mais dans la foi, nous pouvons nous sentir embarqués dans cette aventure étonnante d'être membres d'un peuple saint. Nous avons le réconfort et la joie de pouvoir unir notre prière et nos pauvres efforts à ceux des anges et des saints. Un des premiers compagnons de saint Ignace, le bienheureux Pierre Favre, avait l'habitude de vivre ainsi en communion avec les anges et les saints des pays qu'il traversait dans ces incessantes missions et cela lui donnait une ferveur et une allégresse qui étonnaient tous ceux qu'il rencontrait. Il écrit par exemple dans son journal spirituel (*Mémorial*) : « En cette même année (1541), à mon entrée en Espagne, j'eus souvent de notables dévotions et des sentiments spirituels à propos de l'invocation des Principautés, des Archanges, des anges gardiens et des saints de l'Espagne. Je pris en grande et spéciale affection saint Narcisse qui se trouve à Gérone [...] Je les priais tous de bien vouloir agréer mon voyage en Espagne et m'aider par leurs prières à produire quelques bons fruits – et c'est, je crois, ce qui est arrivé grâce à leurs intercessions plus qu'à mes efforts » (*Mémorial* n° 28).

Au-delà de ses faiblesses et des épreuves qui jalonnent son pèlerinage, l'Église est cette communion des saints qui enjambe notre histoire temporelle pour nous faire vivre déjà dans la familiarité de la Jérusalem d'en haut. C'est une dimension importante de notre vie ecclésiale trop souvent oubliée. Vivre ensemble l'espérance chrétienne donne à nos existences une dimension d'éternité en nous ouvrant déjà à la communion des saints. Heureux sommes-nous si nous savons trouver dans cette familiarité avec la famille entière des enfants de Dieu force et courage pour affronter les épreuves quotidiennes. Notre lecture de l'Écriture s'achève sur cette vision de l'Apocalypse (ch. 7) où le voyant de Patmos contemple la foule immense des élus groupés autour de l'Agneau. Laissons l'Esprit graver en nous cette vision de la communion à laquelle nous participons déjà pour qu'elle soutienne notre espérance.

POUR ALLER PLUS LOIN :

Le père Moingt dans son livre *Dieu qui vient à l'homme*, tome 2, volume 2, a tout un développement sur la communion des saints p. 1061 à 1091 ; en voici quelques extraits :

« La communion des saints désigne le rassemblement auprès de Jésus de ceux qui sont morts en lui, et qui vivent par conséquent déjà en vie éternelle, puisqu'ils sont avec lui dans sa gloire qui est auprès du Père, bien que la fin ne soit pas encore advenue. Mais cette communion ne peut pas exclure ceux qui, encore présents sur terre, vivent dans le corps du Christ qui est l'Église en état de mort au péché… La communion des saints est donc ce qui fait communiquer le ciel avec la terre ; l'éternité avec le temps du monde... La communion des saints est la résurrection universelle déjà commencée dans la vie de l'Église. »

« L'enseignement de Paul nous apprend donc que la résurrection universelle des corps n'est intelligible qu'à l'intérieur du corps du Christ ressuscité et que la résurrection du Christ, réciproquement, ne l'est pas en dehors du corps qu'il se rassemble dans l'Église ; chacune des deux ayant sa raison d'être dans l'autre, aucune n'est pensable sans l'autre, ni la résurrection corporelle de Jésus sans le prolongement qu'elle se donne et prend dans celle des saints. »

Renaître d'en haut

On l'aura compris, si nous acceptons de voir dans la crise actuelle la mort d'un certain visage d'Église, ce n'est pas parce que nous désespérons d'elle, mais au contraire parce que nous souhaitons lui voir retrouver un visage plus évangélique et c'est de notre disponibilité à l'Esprit que nous attendons ce changement. Tout au long de l'histoire de l'Église en effet, l'Esprit a inspiré renouveaux et conversions. Il a été l'agent d'une incessante réforme, venue la plupart du temps de la base et qui remettait en cause au nom de l'Évangile bien des situations acquises. Le mouvement franciscain à la fin du Moyen Âge en reste peut-être l'expression la plus marquante. Il y en aurait bien d'autres à citer : le printemps mystique du début du XVIIe siècle en France, l'explosion des œuvres éducatives et caritatives au XIXe siècle, la redécouverte d'une Église servante et pauvre autour de Charles de Foucauld…

Renaître d'en haut aujourd'hui, ne serait-ce pas laisser les pauvres nous évangéliser ? C'est bien là en effet que l'Esprit semble nous attendre. Si nous acceptions que les pauvres nous relisent l'Évangile, comme ils l'ont fait pour Mère Térésa et tant d'autres, tout prendrait un visage nouveau et bien des questions de cuisine ecclésiastique qui nous occupent aujourd'hui révéleraient leur caractère dérisoire, tandis que d'autres, que nous ne voyons même pas, prendraient toute leur importance. C'est possible dans la fidélité à l'Esprit, mais est-ce que nous demandons souvent dans notre prière de laisser les pauvres nous évangéliser et est-ce que nous prenons les moyens de nous laisser atteindre par leur cri ?

Renaître d'en haut, ce serait aussi sortir d'une organisation ministérielle centralisée qui gouverne tout, comme si l'Esprit n'irriguait l'Église qu'à travers un seul canal, celui de la hiérarchie établie. L'Esprit, le foisonnement de ses charismes, les initiatives imprévues qu'il peut susciter, se trouvent alors reportés aux marges et on voit bien toutes les conséquences que cela a pu entraîner : sacralisation d'un pouvoir centralisé, division de l'Église en deux catégories de fidèles, méconnaissance des légitimes diversités, etc. Il est donc essentiel, dans la ligne ouverte par Vatican II, de redonner à l'Esprit toute sa place dans la vie de l'Église.

Rejoindre l'Esprit à l'œuvre dans l'Église, c'est privilégier dans nos efforts, sans les opposer, le souci de la communion sur celui de l'institution. Ce qui est premier, c'est la communion, l'organisation ne vient qu'après et elle doit rester au service de la communion. Or, devant la crise actuelle, notre premier souci n'est-il pas trop souvent le maintien ou la réorganisation des structures ? Il faut des prêtres pour assurer un certain quadrillage territorial et nous nous polarisons sur cette question, sans trop nous interroger sur les raisons profondes de cette crise. Or, c'est à partir de communautés vivantes, groupées autour du partage de la Parole que l'Église renaîtra. La première urgence est donc de favoriser la naissance de groupes fraternels autour du partage de l'Évangile. Les ministères s'organiseront autour de la vie de ces groupes comme dans la primitive Église. À mesure que ces groupes se stabiliseront et deviendront des communautés, il faudra les éveiller à la responsabilité de leur vie commune, les appeler à organiser leurs échanges, leur prière commune, leur participation à l'eucharistie, tout ceci en communion avec les autres communautés et sous la responsabilité de l'évêque. Ce ne sont pas les communautés qui s'adapteront aux ministres qui leur sont envoyés, mais la vie des communautés qui engendrera les ministres qui lui sont nécessaires.

Pour reconnaître ainsi aux communautés croyantes leur pleine responsabilité, il faut retrouver la signification et l'estime du sacerdoce des baptisés. Le baptême au nom du Père, du Fils et du Saint-Esprit est vraiment une onction trinitaire qui nous unit à la mission prophétique, sacerdotale et royale du Christ. L'Église se doit de reconnaître cette mission, de donner à ses fidèles la liberté et la responsabilité de l'accomplir. Elle est tenue d'être attentive à leur parole lorsqu'ils expriment les réactions de leur conscience évangélique face aux défis du monde. L'histoire récente fournit bien des exemples où une attention plus grande à ce que la tradition appelait le « *sensus fidelium* » (le « bon sens chrétien des fidèles », pourrait-on traduire) aurait permis à l'Église d'éviter des malentendus et des conflits qui ont affaibli son message. Habitués à penser l'Église à partir d'en haut, nous ne sommes pas assez attentifs à la voix de l'Esprit dans le peuple chrétien.

De même on pourrait être plus attentif dans l'Église au principe de subsidiarité que sa doctrine sociale ne cesse de rappeler au monde, sans se l'appliquer à elle-même. Il faudrait alors rendre aux évêques et aux conférences épiscopales l'autorité nécessaire pour résoudre les problèmes posés à la conscience chrétienne d'une manière adaptée à un peuple et à sa culture. La foi ne se vit pas en état d'apesanteur culturelle et ne s'exprime pas de la même manière d'un bout à l'autre du monde. Il est important qu'en vivant son christianisme un peuple puisse retrouver ce qu'il y a de meilleur dans sa culture. C'est aux évêques, réunis en synodes ou en conférences épiscopales, qu'il appartient de saisir les défis posés à la foi dans une ère culturelle donnée et d'aider les fidèles à y répondre.

Renaître d'en haut, ce pourrait être aussi retrouver la liberté de langage d'un saint Bernard s'adressant au pape Eugène III : « À voir la pompe qui t'entoure, on te prendrait plutôt pour le successeur de Constantin que pour celui de saint Pierre. […] Tu n'es pas le souverain des évêques mais l'un d'entre eux, le frère de ceux qui aiment Dieu, le compagnon de ceux qui le craignent. » Comme nous l'avons déjà dit, il est important de désacraliser les structures et d'évangéliser les relations, et ceci dans tous les domaines. On peut penser qu'une Église plus évangélique dans ses relations n'aurait pas connu les scandales qui nous attristent tous aujourd'hui. La faiblesse humaine n'en aurait pas été absente mais elle aurait été éclairée, soutenue et corrigée. Au-delà des demandes de pardon, il faut avoir le courage de dénoncer un climat malsain, peu évangélique, qui n'a pas permis à la vie interne de l'Église d'offrir aux personnes un milieu d'épanouissement affectif structurant pour elles.

En prenant conscience des crises que nous traversons, loin de nous sentir abandonnés par l'Esprit, entendons l'appel qu'il ne cesse de nous adresser à renaître d'en haut dans la fidélité à un Évangile toujours nouveau face aux défis du monde.

POUR ALLER PLUS LOIN :

On pourra prolonger cette réflexion en prière avec une hymne du père Didier Rimaud :

Redressez-vous, prenez l'Esprit
Comme une voile prend le vent
Ne l'enfermez pas en vous-mêmes,
Mais priez-le d'enfler vos cris.
– Qu'ils soient d'impatience ou de joie !
Vous savez bien de quel baptême
Vous renaissez, souffles vivants
Dépliez-vous ! Prenez l'Esprit
Comme une voile prend le vent
En le prenant soyez sa proie.

Laissez la chair, prenez l'Esprit
Comme les chaumes prennent feu
Réjouissez-vous qu'il consume
En vous ce qui n'est pas la vie
– Il est le Seigneur qui pourvoit
Exposez tout à sa brûlure

En un présent qui plaise à Dieu.
Resplendissez ! Prenez l'Esprit
Comme les chaumes prennent le feu
En le prenant, soyez sa proie !

Ne craignez rien, prenez l'Esprit
Comme une barque prend la mer
Rompez toute amarre à ce monde
Puisque vous n'êtes pas de lui
– Pourquoi vous ancrer à ses lois ?
Gagnez le large en eau profonde.
Oublieux des abris d'hier,
Sortez de vous ! Prenez l'Esprit
Comme une barque prend la mer
En le prenant, soyez

(*À force de colombe*, Cerf, p. 182).

L’Esprit et l’Église disent : « Viens ! »

« Viens », le dernier mot de l’Apocalypse, l’appel sur lequel se clôt l’Écriture. C’est ce cri que l’Esprit ne cesse de reprendre dans l’Église que nous sommes. Il dit notre attente, notre espérance et notre foi (Ap 22,17).

Si fiers que nous soyons de nos réussites humaines, il reste qu’elles n’accomplissent pas notre désir profond et que demeure en nous cet appel à une plénitude que nous sommes incapables de nous donner. Alors le cri de notre cœur rejoint celui de l’Esprit : « Viens ! », et l’Église dans l’Écriture qu’elle nous transmet donne une destination à ce cri : « Viens, Seigneur Jésus ! » (Ap 22,20). Sa mission première est de maintenir au cœur du monde cet appel et de rassembler en lui tous les espoirs portés par les hommes. Dans l’expérience douloureuse qu’ils font de la difficulté d’être homme, ils ne savent plus bien où chercher des repères. L'Église est là pour leur proposer un chemin qui n'est pas de facilité mais de courage et de confiance. C'est pour cette mission qu'elle accueille l'Esprit qui vient prier en elle : « Viens Seigneur Jésus ! »

Notre attente s'oriente naturellement vers une espérance, celle d'un accomplissement : celui de notre vie d'homme, celui des relations que nous avons créées, celui du monde que nous habitons. Nous parlons de fin de vie, de fin du monde, mais au-delà du terme ainsi évoqué, c'est bien un accomplissement que nous espérons. Comment se réalisera-t-il ? Nous ne le savons pas, mais nous lui donnons spontanément des couleurs de bonheur, d'harmonie, de justice et de paix. Et ici aussi l'Écriture rejoint le désir que l'Esprit avait mis en nous. Qu'elle évoque la Jérusalem retrouvée chez les prophètes de l'exil ou la Jérusalem qui vient du ciel au terme de l'Apocalypse, elle multiplie les expressions de bonheur et de plénitude : « Voici la demeure de Dieu parmi les hommes. Il aura sa demeure avec eux : ils seront son peuple et lui, Dieu avec eux, sera leur Dieu. Il essuiera toute larme de leurs yeux : de mort, il n'y en aura plus ; de pleur, de cri et de peine, il n'y en aura plus car l'ancien monde s'en est allé » (Ap 21,3-4). Saint Paul de son côté parle d'accomplissement lorsque le Christ ayant soumis toutes choses et détruit le dernier ennemi, la mort, remettra tout au Père (1 Co 15,25-28).

Si notre espérance en un accomplissement de toutes choses est ferme, nous n'en connaissons pas le mode et l'exemple de Jésus doit nous faire réfléchir. D'une manière ou d'une autre cet accomplissement passera pour nous aussi par la croix. Nous aurons alors à faire l'acte de foi de notre vie, tout remettre entre les mains de Notre Père dans une confiance totale. Cet acte, il est possible que nous ayons à le faire en tant qu'Église. Dans le combat eschatologique qui ouvrira sur le Royaume, l'Église pourrait connaître l'épreuve de la croix et accomplir sa vocation en un ultime acte de foi qui la conformerait à son Sauveur.

Ignorante des chemins où l'Esprit la conduit, l'Église est appelée à vivre son pèlerinage dans la foi, l'espérance et la charité, confiante dans les promesses du Christ et dans l'attente de son retour.

Table des matières

Imprimé en France en août 2011
Dépôt légal : septembre 2011
N° d'impression : 112596